Low Carb für Berufstätige

Das Expresskochbuch

80 leckere Blitzrezepte für Arbeitnehmer, Studenten und Faule

Simone Larisch

Copyright © 2017 Simone Larisch

Auflage 2

Alle Rechte vorbehalten.

ISBN: 1977869092
ISBN-13: 978-1977869098

Inhaltsverzeichnis

Übersicht der Rezepte 4

Einführung 6

Rezepte 11

    Frühstücksgerichte 12

    Mittagsgerichte 37

    Hauptgerichte 56

    Snacks und Beilagen 69

    Getränke 77

    Desserts 85

Haftungsausschluss 93

Impressum 94

Übersicht der Rezepte

Low Carb Tassenkuchen mit Zimt.......12

Eier Pizza 13

Spinat-Frühstücks-Törtchen............... 14

Low Carb Käsebrot........................ 15

Omelett mit Gemüse 16

Eiermuffins.................................17

Einfache Mandel-Krustis.................. 18

Frischkäsepancakes....................... 19

Pilz- Omelett............................20

Spinat- Ei- Gebäck 21

Spinat Frittata (Omelett) 22

Brokkoli Tomaten Frittata (Omelett) 23

Eier in Purgatory (scharf)..................24

Zucchini Pancakes........................ 25

Bohnen, Grünkohl, Tomaten und ....

Eier..26

Blaubeer Kokos Porridge 27

Schinkenröllchen 28

Joghurtsmoothie.......................... 29

Buttermilch- Zimt- Pancakes 30

Kokosnussbrot............................. 31

Low Carb Crêpes.......................... 32

Früchtequark.............................. 33

Blaubeerpfannkuchen mit Bacon 34

Sojaflocken mit Johannesbeeren 35

Granatapfel- Joghurt- Parfait 36

Hüttenkäse- Salat......................... 37

Hähnchen mit Thunfischsauce..........38

Gurkennudeln mit Fetapesto 39

Auberginengemüse mit Paprika 40

Zucchiniröllchen........................... 41

Ofenschafskäse............................42

Knuspriger Basilikumsalat im Glas.....43

Koreanischer Sesamsalat im Glas 44

Sizilianischer Salat im Glas.................45

Asiatischer Ingwersalat im Glas 46

Erdbeer- Hähnchen- Spinat- Salat 47

Hähnchensalat mit Äpfeln ....

und Walnüssen.............................. 48

Gegrillter Hähnchen Salat 49

Spanischer Salat...........................50

Mango Salsa Salat........................ 51

Frischer Gurken Joghurt Salat........... 52

Karottensalat mit Ingwer und ....

Zitrone......................................53

- Rindfleisch, Spinat und Avocado Salat 54
- Mediterraner Rindfleisch Salat 55
- Würziger Schwarzwurzelsalat 56
- Rindfleisch- Brokkoli-Pfanne 57
- Rucola-Grünkohlsalat 58
- Ingwer-Möhrensuppe mit Hähnchen 59
- Cremige Champignonsuppe 60
- Selleriesuppe mit Hähnchen 61
- Artischockenpfanne mit Pilzen 62
- Spargelpasta mit Walnusspesto 63
- Rote Bete Carpaccio 64
- Krosse Blumenkohl-Bratlinge 65
- Grünes Thaicurry mit Shrimps 66
- Mandel- Gemüse- Curry 67
- Exotischer Salat mit Blauschimmelkäse 68
- Käse- Mohn- Cracker 69
- Gefüllte Eier 70
- Scharfer mexikanischer Salat im Wrap 71
- Blumenkohlrösti 72
- Grünkohlchips 73
- Radieschen Chips 74
- Energieriegel 75
- Erdbeermuffins 76
- Avocado Limetten Smoothie 77
- Brokkoli Apfel Smoothie 78
- Kresse Smoothie 79
- Grüner Pina Colada Smoothie 80
- Blaubeer Proteinshake 81
- Karotten- Ingwer- Smoothie 82
- Spinat- Beeren- Smoothie 83
- Grüner Smoothie mit Mandelmilch ... 84
- Avocado- Limetten- Pudding 85
- Kokosmakronen 86
- Zimtschnecken-Waffeln 87
- Mandelplätzchen mit Orangengeschmack 88
- Low Carb Brownies 89
- Ahorn-Cupcakes mit Pecannüssen ... 90
- Low Carb Waffeln 91
- Holunderkekse 92

Übersicht der Rezepte | 5

Einführung

Beim Durchhänger im Büro hilft der Schokoriegel nicht wirklich und hinterlässt mit der Zeit auch eine Menge überflüssiger Kilos. Zeit, um endlich mit dem gesunden Abnehmen zu beginnen. Doch wie passt das alles in einen stressigen Arbeitsalltag mit einkaufen, vorbereiten und kochen? Low Carb ist das ideale Konzept, wenn es gilt, bei vollem Erhalt der Leistungsfähigkeit gesund abzunehmen ohne dabei stundenlang in der Küche zu stehen.

Die im Kochbuch enthaltenen 80 Rezepte, jeweils mit einem Kohlenhydratgehalt von unter 17 Gramm und einer garantierten Kochzeit von unter 25 Minuten machen eine gesunde Ernährung und abwechslungsreiches Abnehmen mit Spaß auch unter der Woche möglich. Die kohlenhydratarmen Rezepte für jeden Geschmack enthalten eine Menge Proteine, gesunder Fette und Vitamine, was nach einem harten Tag Körper, Geist und Seele wieder in Balance bringt und für die Aufgaben des nächsten Tages rüstet. Auch Vegetarier finden viele leckere Rezeptideen.

Damit die Umstellung auch wirklich funktioniert, ist es wichtig, dass die Rezepte schnell fertig sind, sich aber auch gut zum Mitnehmen eignen, damit Kantinenessen und Lieferdienst der Vergangenheit angehören und die Kilos endlich purzeln. Alle Rezepte sind so konzipiert, dass der Körper den Tag über kontinuierlich mit Energie versorgt wird und Heißhungerattacken ausbleiben. Dauerhafte Fitness und eine tolle Figur werden so zum Kinderspiel.

Was bedeutet Low Carb?

Der Begriff Low Carb kommt aus dem Englischen und bedeutet so viel wie "wenig Kohlenhydrate". Es gibt verschiedene Ernährungskonzepte, die auf diesem Prinzip aufgebaut sind. Manche lassen bis zu 100 Gramm Kohlenhydrate zu, andere beschränken die Zufuhr auf ein absolutes Minimum.

Menschen, die nach Low Carb leben, sprechen nicht gerne von Diät, denn es handelt sich eher um eine langfristige Umstellung der Essgewohnheiten. Dabei erfolgt nicht nur eine Gewichtsreduktion, sondern eine kohlenhydratarme Ernährung beugt auch Krankheiten vor und behebt Stoffwechselstörungen. Konzepte wie die Atkins-Diät erlauben überhaupt keine oder nur Spuren von Kohlenhydraten, da der Körper diese zur Fettverwertung benötigt. Durch den Entzug wird dem Fett die Grundlage genommen, überhaupt ansetzen zu können. Um die täglich benötigte Energie aus der Kohlenhydratzufuhr zu erhalten, setzt der Körper nun alles daran, die bereits vorhandenen Fettpolster zu schmelzen.

Andere Varianten von Low Carb sind nicht so streng. Kohlenhydrate sind in Maßen erlaubt, allerdings wird zwischen guten und schlechten Kohlenhydraten unterschieden. Schlechte oder einfache Kohlenhydrate gelangen sofort ins Blut, wo sie für ein rasches Aufkommen von Zucker in Form von Glucose sorgen. Zwar verursacht der schnelle Schokoriegel einen Energiekick, doch der Körper reagiert sofort, indem er große Mengen an Insulin ausschüttet. Das Insulin transportiert den Zucker aus dem Blut ab, die Folgen sind Müdigkeit, Kopfschmerzen und Heißhunger. Da alle Zellen überdies schon gesättigt sind, wird die restliche Glucose zur Leber transportiert.

Gute oder komplexe Kohlenhydrate benötigen länger, um ins Blut zu gelangen und werden dort mit einem größeren Aufwand an Energie zerlegt. Der Blutzuckerspiegel steigt dadurch langsamer und gleichmäßiger an, Insulin wird ebenfalls in kleineren Mengen ausgeschüttet. Die aus der Nahrung gewonnene Energie hält länger an, es kommt nicht zur Bildung von Heißhungergefühlen. Beispiele für solche komplexen Kohlenhydrate sind Vollkornbrot, Kartoffeln, Süßkartoffeln, Linsen, Nüsse, diverse Hülsenfrüchte, Erzeugnisse aus Vollkornmehl und bestimmte Obstsorten.

Wenn die wenigen Grundregeln von Low Carb verstanden sind, lässt sich mit dieser Ernährungsform gesund und ohne Verzicht leben. Die meisten Ernährungsformen nach Low Carb haben sich bei rund 100 Gramm erlaubter Kohlenhydratzufuhr pro Tag eingependelt. Das ist meist auch der Wert, den Ärzte empfehlen, wobei es natürlich ebenfalls in Ordnung ist, wenn die aufgenommenen Kohlenhydrate mal nur bei 50 Gramm oder 80 Gramm liegen. Manche fahren auch gut dabei, ab dem Mittagessen oder sogar nur am Abend auf Kohlenhydrate zu verzichten. Egal, für welches diese Konzepte man sich entscheidet. Fest steht, dass Low Carb fit und schlank macht und eine Ernährungsform ist, die für viel Spaß und Abwechslung auf dem Teller sorgen kann.

Die Goldenen Regeln bei Low Carb

Aller Anfang ist schwer, das gilt besonders, wenn auf eine Ernährungsform wie Low Carb umgestiegen wird. Plötzlich fehlen Brot und kohlenhydrathaltige Sättigungsbeilagen aller Art auf dem Teller und die Ratlosigkeit ist groß. Was darf überhaupt noch gegessen werden? Folgende Tipps erleichtern die Umstellung.

Konzentration auf das Wesentliche

Statt sich nur auf das konzentrieren, was nicht mehr gegessen werden darf, gilt es, die spannende Vielfalt der erlaubten Lebensmittel in den Blickpunkt zu rücken.

Erlaubt sind bei Fleisch der Verzehr von allen Sorten, verboten sind jedoch Paniertes, Frikadellen, Frühstücksfleisch, Leber oder bereits mariniertes Fleisch. Auch bei Wurstwaren ist die Palette des Erlaubten groß, was besonders für den schnellen Snack zwischendurch interessant ist. Hier gehen: Bierwurst, Chorizo, Hähnchenbrust, Kasseler Aufschnitt, Lachsschinken, Nussschinken, Parmaschinken, Putenbrust, Putenschinken, Salami, Leberwurst, Schinkenwurst, Mettwurst und Teewurst. Auch bei Fisch ist die Auswahl entsprechend groß. Warm und kalt gegessen werden können hier alle Sorten, einzig auf Fischstäbchen, panierten Fisch und die im Ofen gebackenen, küchenfertigen Schlemmerfilets sollte verzichtet werden. Bei den Meeresfrüchten scheiden nur Muscheln, Austern und Kalamari aus. Es bietet sich eine Vorratshaltung in der Tiefkühltruhe an.

Erfreulich sieht es auch beim Käse aus. Hier darf es alles außer Lightkäse und Schmelzkäse sein. Im Bereich der Milchprodukte empfehlen manche, dass auf Kuhmilch besser verzichtet werden sollte, auch von Joghurt wird oft abgeraten. Alternativen sind hier Sojajoghurt, Griechischer Joghurt, Sahnequark, Sour Cream, Buttermilch, Dickmilch und Kefir. Bei Beilagen wird es zugegebenermaßen ein bisschen dünn. Denn alles, was vorher auf dem Teller beliebt war wie Reis, Nudeln und Pommes, scheidet nun aus. Eine Alternative bieten hier Tofuprodukte, aber auch Yamnudeln oder Shiratakinudeln, die nahezu kohlenhydratfrei sind. Viele ersetzen die sogenannte Sättigungsbeilage jedoch durch Gemüse und Salat.

Nicht nur zu Hause, auch in der Kantine oder im Restaurant lässt sich die gegrillte Putenbrust ohne Probleme mit Grillgemüse plus Beilagensalat statt der Pommes frites bestellen.

Die Auswahl an erlaubten Gemüsesorten ist groß. Eigentlich sollten im Rahmen von Low Carb nur gekochte Karotten, Erbsen, Ackerbohnen, Mais, Pastinaken und Petersilienwurzel vom Speiseplan gestrichen werden. Selbst Kochmuffel kommen hier auf ihre Kosten. Da die meisten Gemüse auch tiefgefroren einzeln oder als Mischung erhältlich sind, entfällt das lästige Putzen. Auch Vorratshaltung ist so viel leichter möglich, nach Bedarf wird einfach aufgetaut. Um die Inhaltsstoffe jedoch besser kontrollieren zu können, sollte auf küchenfertige, gewürzte Mischungen verzichtet werden. Selber würzen ist immer besser, vor allem, wenn es mit tiefgefrorenen Kräutern ebenfalls ganz schnell geht. Mit Bambus- oder Sojasprossen aus dem Glas lassen sich so im Handumdrehen exotische Mahlzeiten zaubern, die den Asia-Imbiss um die Ecke überflüssig machen.

Wenn die Lust auf Süßes lockt, sind die meisten Obstsorten in Maßen erlaubt. Bananen, Birnen, Kaki, Litschi, Granatapfel und Weintrauben sollten jedoch ebenso wenig gegessen werden wie Trockenfrüchte, Feigen und Datteln, da diese einen sehr hohen Zuckergehalt aufweisen. Beerenobst gilt als Favorit in der Ernährung nach Low Carb. Damit lassen sich auch schnell Kuchen zaubern, denn die sind bei Low Carb nicht verboten. Weißmehl wird lediglich durch alternative Mehlsorten wie Mandelmehl, Haselnussmehl, Kokosmehl, Sojamehl. Walnussmehl, Leinsamenmehl, Lupinenmehl und andere ersetzt. Auch bei den Süßungsmitteln stehen kohlenhydratfreie Zuckeralternativen mittlerweile zur Verfügung.

Proteine richtig essen

Die besten Proteine kommen aus tierischen Quellen. Dazu zählen Eier und sämtliche Fleisch- und Fischsorten. Nach Möglichkeit sollte darauf geachtet werden, dass tierische Produkte aus ökologischer Landwirtschaft oder Aquawirtschaft kommen. Milchprodukte dürfen konsumiert werden, spielen als Proteinlieferanten bei Low Carb jedoch eine untergeordnete Rolle. Vegetarier können ebenfalls gut nach Low Carb leben. Fleisch als Proteinlieferant scheidet hier zwar aus, doch das kann mit Tofuprodukten kompensiert werden. Auch Shakes aus pflanzlichen Proteinquellen eignen sich gut, um auf eine ausreichende Eiweißzufuhr zu kommen. Mit Beeren gemixt, entstehen hier schnell gesunde und sättigende Smoothies für zwischendurch oder wenn es beim Frühstück fix gehen muss.

Bei der Proteinzufuhr sollte zudem darauf geachtet werden, auch nicht zu viel Eiweiß zu essen. Ideal sind 0,8 bis 1,2 Gramm pro Kilogramm Körpergewicht am Tag. Ein Proteinüberschuss wird direkt in Glucose umgewandelt, die jedoch den Blutzuckerspiegel nicht ansteigen lässt. Eine dauerhaft zu hohe Proteinaufnahme belastet Leber und Niere unnötig.

Die guten Fette

Fett macht nicht fett, doch allzu lange wurde das Märchen vom bösen Fett aufrechterhalten. Gesunde Fette sind ein Brennstoff und somit Energielieferant. Ideal sind gesättigte Fettsäuren zum Kochen wie sie in Butter, Ghee, Kokosöl und Olivenöl enthalten sind. Nüsse, Samen und Avocados sind ebenfalls hervorragende Energielieferanten und eignen sich als schnelle Snacks zwischendurch. Rapsöl, Sonnenblumenöl und Butterschmalz sowie sehr fettes Fleisch eignen sich nicht als gute Fettquellen.

Für Low Carb muss man nicht stundenlang in der Küche stehen

Wer die Zutaten richtig einkauft, clever kombiniert und auf eine gute Vorratshaltung setzt, ist mit einem minimalen Zeitaufwand in der Küche dabei. Denn gerade für Berufstätige ist es wichtig, sich gesund und ausgewogen zu ernähren. Um die Leistungsfähigkeit und Konzentration im Arbeitstag zu erhalten, benötigt das Gehirn ausreichend Glucose. Doch damit ist nicht der Einfachzucker gemeint, wie er in Schokolade & Co. enthalten ist. Das sorgt eher für einen Leistungsabfall. Proteine werden ebenfalls zu Glucose verstoffwechselt, somit ist das Gehirn immer optimal versorgt. Eiweiß bremst zudem den Heißhunger aus, was es viel leichter macht, sich auf die Arbeit zu konzentrieren. Mittagsloch und Durchhänger in der Motivation gehören mit Low Carb der Vergangenheit an. Außerdem wird der Blutdruck gesenkt, was in einem stressigen Berufsleben auch nur von Vorteil sein kann.

Rezepte

Frühstücksgerichte 12
Mittagsgerichte 37
Hauptgerichte 56
Snacks und Beilagen 69
Getränke 77
Desserts 85

FRÜHSTÜCKSGERICHTE

Low Carb Tassenkuchen mit Zimt

2 Portionen – 10 Minuten Zubereitungszeit

Zutaten:

- 2 Eier
- 2 EL Leinsamen
- 2 EL Kokosmehl
- ½ TL Muskatnuss
- 2 TL Zimt
- ½ TL Backpulver
- 5-6 Tropfen Stevia
- 10 EL Wasser
- 2 EL Kokosöl

1. In einer Schüssel Eier aufschlagen. Kokosmehl, Leinsamen, Zimt, Muskatnuss, Backpulver, Vanilleextrakt, drei Tropfen Stevia und acht Esslöffel Wasser hinzugeben.
2. Große Tasse (oder mikrowellengeeignetes Gefäß) einfetten und die Hälfte der Masse in die Tasse geben. Für eine weitere Portion eine weitere Tasse einfetten und füllen.
3. Für 1-2 Minuten in die Mikrowelle stellen bis der Teig fest wird.
4. In einer kleinen Schüssel zwei Esslöffel Wasser, einen Tropfen Stevia und Kokosöl miteinander vermischen. Glasur über den warmen Muffin geben und servieren.

Nährwertangaben pro Portion:
380 kcal | 2g Kohlenhydrate | 26g Fett | 13g Protein

FRÜHSTÜCKSGERICHTE

Eier Pizza

4 Portionen – 10 Minuten Zubereitungszeit

Zutaten:

- 6 Eier
- 120g Kokosmehl
- 470ml Kokosmilch
- 2 Knoblauchzehen

1. Knoblauch schälen und zerkleinern.
2. Pfanne erhitzen.
3. Alle Zutaten zusammenmixen und in die Pfanne geben.
4. Das Omelett bei mittlerer Temperatur braten lassen. Wenden, bis es goldbraun ist.

Nährwertangaben pro Portion:
351 kcal | 13g Kohlenhydrate | 28g Fett | 11g Protein

FRÜHSTÜCKSGERICHTE

Spinat-Frühstücks-Törtchen

2 Portionen – 25-30 Minuten Zubereitungszeit

Zutaten:

- 1 ½ Eier
- 450g Spinat
- 5 EL Sahne
- 1 EL Zwiebeln
- 1 EL Butter
- ¼ TL Muskatnuss
- ½ TL Käse, gerieben
- Salz und Pfeffer

1. Den Ofen auf 180 Grad vorheizen.
2. Eier in eine Schüssel schlagen, die Sahne hinzugeben und mit Muskatnuss, Salz und Pfeffer würzen.
3. Butter in einer Pfanne auf mittlerer Hitze erhitzen und die geschnittene Zwiebel braten bis sie weich ist. Spinat hinzufügen (Tipp: Spinat nach dem Auftauen abtropfen lassen).
4. Alle Zutaten miteinander vermischen und in eine geeignete kleine und flache Form geben.
5. Für 25 Minuten backen. Anschließend für fünf Minuten abkühlen lassen und servieren.

Nährwertangaben pro Portion:
500 kcal | 9g Kohlenhydrate | 47g Fett | 14g Protein

FRÜHSTÜCKSGERICHTE

Low Carb Käsebrot

6 Portionen – 20 Minuten Zubereitungszeit

Zutaten:

- 120g geriebener Cheddar
- 100g Mandelmehl
- 2 EL Butter, zimmerwarm
- 1 Ei
- ½ TL Knoblauchpulver
- ¼ TL Salz

1. Zuerst müssen Sie den Ofen auf 175 °C Ober- / Unterhitze vorheizen und ein Backblech mit Backpapier auslegen.
2. Geben Sie dann alle Zutaten in eine mittelgroße Schüssel und rühren Sie mit einem Löffel einen weichen Teig zusammen.
3. Formen Sie aus dem Teig sechs kleine Bälle und legen Sie diese mit etwas Abstand auf das vorbereitete Backblech.
4. Drücken Sie die kleinen Teigkugeln mit dem Handballen flach.
5. Die Käsehappen müssen nun für etwa 10 Minuten in den Ofen, danach können Sie sofort warm verzehrt werden.

Nährwertangaben pro Portion:
234 kcal | 1g Kohlenhydrate | 20g Fett | 10g Protein

FRÜHSTÜCKSGERICHTE

Omelett mit Gemüse

2 Portionen – 30 Minuten Zubereitungszeit

Zutaten:

- 4 große Eier
- etwas Salz
- gemahlener schwarzer Pfeffer
- 2 TL Olivenöl
- 250g Spinat
- 250g Cherry Tomaten
- 2 EL Reibekäse
- optional: rote Paprikaflocken, 1 Prise Dill

1. Gemüse waschen und säubern.
2. Die Eier in einer kleinen Schüssel mit einem Schneebesen verrühren und mit Salz und Pfeffer würzen und zur Seite stellen.
3. Das Öl in einer Pfanne erhitzen.
4. Den Spinat und die Tomaten zugeben und für ca. 1 Minute kochen lassen, regelmäßig umrühren.
5. Nun die Eier in eine Pfanne geben, bei mittlerer Hitze kurz braten. Wenden, bis das Omelett goldbraun ist.
6. Das Gemüse, sowie den Käse auf das Omelett geben. Nun eine Seite des Omeletts umschlagen, sodass Gemüse und Käse bedeckt sind.
7. Abschließend mit etwas Dill und roten Paprikaflocken bestreuen.

Nährwertangaben pro Portion:
337kcal | 15g Kohlenhydrate | 22g Fett | 24g Protein

FRÜHSTÜCKSGERICHTE

Eiermuffins

2 Portionen (8 Muffins) – 20 Minuten Zubereitungszeit

Zutaten:

- 6 große Eier
- 120g grüne Paprika
- 120g Zwiebeln
- 120g Spinat
- 1 Prise Salz
- 1 Prise gemahlener schwarzer Pfeffer
- 2 EL Wasser

1. Den Ofen auf 180°C vorheizen. Muffinform einfetten.
2. Die Paprika und die Zwiebeln in kleine Würfel schneiden.
3. Eier aufschlagen und mit der Paprika, den Zwiebeln und dem Spinat zusammenmixen. Ebenfalls etwas Salz und Pfeffer, sowie das Wasser hinzugeben.
4. Alles gut verrühren und in die Muffinformen geben.
5. Bei Ober- und Unterhitze solange backen, bis die Muffins goldbraun und in der Mitte durch sind.

Nährwertangaben pro Portion:
399 kcal | 16g Kohlenhydrate | 26g Fett | 29g Protein

FRÜHSTÜCKSGERICHTE
Einfache Mandel-Krustis

4 Portionen – 25 Minuten Zubereitungszeit

Zutaten:

- 3 große Eier
- 30g Mandelmehl
- 1 ½ TL Backpulver
- 2 EL Butter
- Etwas Salz

1. Heizen Sie den Ofen auf 200 °C Ober- / Unterhitze vor und fetten Sie kleine Kuchenförmchen ein.
2. Rühren Sie die Butter cremig.
3. Geben Sie die Eier, eins nach dem anderen unter Rühren dazu und Sieben Sie das Mandelmehl zusammen mit dem Backpulver und etwas Salz ein.
4. Wenn Sie einen glatten Teig haben, verteilen Sie ihn auf die vorbereiteten Förmchen.
5. Backen Sie die Minibrote für etwa 20 Minuten, bis sie eine schöne Kruste haben.

Nährwertangaben pro Portion:
164 kcal | 0g Kohlenhydrate | 14g Fett | 6g Protein

FRÜHSTÜCKSGERICHTE

Frischkäsepancakes

2 Portionen – 15 Minuten Zubereitungszeit

Zutaten:

- 4 Eier
- 120g Frischkäse
- 2 EL Kokosmehl
- 1 TL Zimt
- Süßstoff nach Geschmack

1. Vermischen Sie zuerst den Frischkäse mit dem Mehl, dem Zimt und dem Süßstoff und schlagen Sie unter Rühren die Eier unter.
2. Rühren Sie den Teig so lange, bis keine Klümpchen mehr zu sehen sind.
3. Erhitzen Sie eine beschichtete Bratpfanne und backen Sie in etwas Butter oder Kokosöl kleine runde Pancakes aus.

Nährwertangaben pro Portion:
328 kcal | 3g Kohlenhydrate | 21g Fett | 23g Protein

FRÜHSTÜCKSGERICHTE

Pilz- Omelett

2 Portionen – 10 Minuten Zubereitungszeit

Zutaten:

- 4 große Eier
- 240g Pilze
- etwas Salz
- gemahlener schwarzer Pfeffer
- 1 EL Oliven- oder Avocadoöl

1. Pilze waschen, säubern und in Scheiben schneiden.
2. Die Eier in einer kleinen Schüssel mit einem Schneebesen verrühren und mit Salz und Pfeffer würzen und zur Seite stellen.
3. Das Öl in einer Pfanne erhitzen.
4. Die Pilze zugeben und für ca. 3 Minute kochen lassen, regelmäßig umrühren.
5. Nun die Eier in eine Pfanne geben, bei mittlerer Hitze kurz braten. Wenden, bis das Omelett goldbraun ist.
6. Die Pilze auf das Omelett geben. Nun eine Seite des Omeletts umschlagen, sodass die Pilze bedeckt sind.

Nährwertangaben pro Portion:
310kcal | 11g Kohlenhydrate | 15g Fett | 23g Protein

FRÜHSTÜCKSGERICHTE

Spinat- Ei- Gebäck

2 Portionen – 25 Minuten Zubereitungszeit

Zutaten:

- 80g Spinat (alternativ Paprika)
- 50g Zucchini
- 1 EL Kokosöl
- 50g Pilze
- 1 EL Oliven- oder Avocadoöl
- 25g Zwiebeln
- 3 Eier
- 80ml Kokosmilch
- 20g Mandelmehl
- etwas frische Petersilie
- 1 Prise getrocknetes Basilikum
- 1 Prise Salz
- 1 Prise gemahlener schwarzer Pfeffer

1. Den Ofen auf 180°C vorheizen.
2. Gemüse säubern, klein schneiden
3. Das Kokosöl in einer Pfanne bei mittlerer Hitze erwärmen.
4. Pilze, Zwiebeln, Zucchini und Spinat (bzw. Paprika) hinzugeben und für ca. 5 Minuten kochen, bis alles schön zart ist.
5. Das Gemüse aus der Pfanne nehmen, etwas abtropfen lassen und in einer Backform ausbreiten.
6. Die Eier in einer Schüssel mit der Kokosmilch, dem Mehl, Petersilie, Basilikum und etwas Salz und Pfeffer mixen. Anschließend werden die Eier zu dem Gemüse in die Backform gegeben.
7. Die Form in den vorgeheizten Ofen schieben und für ca. 20-25 Minuten backen, bis alles durch ist.

Nährwertangaben pro Portion:
431kcal | 8g Kohlenhydrate | 36g Fett | 17g Protein

FRÜHSTÜCKSGERICHTE

Spinat Frittata (Omelett)

2 Portionen – 10 Minuten Zubereitungszeit

Zutaten:

- 1 EL Oliven- oder Avocadoöl
- ½ Zucchini
- 100g frischen Spinat
- 1 Frühlingszwiebel
- 1 Knoblauchzehe
- 1 Prise Salz
- 1 Prise gemahlener schwarzer Pfeffer
- 40ml Kokosmilch
- 2 Eier

1. Das Olivenöl bei mittlerer Hitze in einer Pfanne erhitzen.
2. Die Zucchini waschen, in dünne Scheiben schneiden und in die Pfanne geben. Kochen, bis sie die gewünschte Bissfestigkeit erreicht hat.
3. Spinat säubern, zerhacken und zusammen mit dem Knoblauch und der Zwiebel der Pfanne hinzufügen.
4. Das Ganze mit Salz und Pfeffer verfeinern und köcheln lassen.
5. In einer separaten Schüssel die Eier mit der Kokosmilch verrühren.
6. Die Eiermischung über das Gemüse in der Pfanne geben. Bei geringer Hitze, zugedeckt solange kochen lassen, bis die Eier fest geworden sind. (5 bis 7 Minuten)

Nährwertangaben pro Portion:
213 kcal | 9g Kohlenhydrate | 15g Fett | 11g Protein

FRÜHSTÜCKSGERICHTE

Brokkoli Tomaten Frittata (Omelett)

2 Portionen – 15 Minuten Zubereitungszeit

Zutaten:

- 1 EL Oliven- oder Kümmelöl
- 4 große Eier
- 1 Prise Salz
- 1 Prise gemahlener schwarzer Pfeffer
- 175g frischen Brokkoli
- 175g frische Tomaten
- 2 EL Streukäse
- optional: rote Paprikaflocken, 1 EL Schnittlauch

1. Das Gemüse waschen und zerkleinern.
2. Die Eier in einer kleinen Schüssel verrühren und Salz und Pfeffer dazu geben.
3. Das Olivenöl bei mittlerer Hitze in einer Pfanne erhitzen.
4. Die Tomaten und den Brokkoli in die Pfanne geben und für ca. 1 Minute anbraten.
5. Nun werden die Eier hinzugefügt. Bei gelegentlichem Umrühren für 1 Minute braten lassen, bis die Eier fest werden.
6. Den Käse obendrauf streuen. Optional die roten Paprikaflocken und den Schnittlauch dazu geben.

Nährwertangaben pro Portion:

379 kcal | 13g Kohlenhydrate | 27g Fett | 26g Protein

FRÜHSTÜCKSGERICHTE

Eier in Purgatory (scharf)

2 Portionen – 20 Minuten Zubereitungszeit

Zutaten:

- 4 große Eier
- 2 Knoblauchzehen
- 1 EL Oliven- oder Avocadoöl
- 250g frische Tomaten
- 2 EL scharfe rote Paprikaflocken
- 2 EL Koriander
- 1 Prise Salz
- 1 Prise gemahlener schwarzer Pfeffer

1. Das Öl in einer Pfanne erhitzen.
2. Gemüse säubern und klein schneiden.
3. Den Knoblauch und die gehackten Tomaten zusammen mit den Paprikaflocken in die Pfanne geben, für ungefähr 15 Minuten bei gelegentlichem Umrühren kochen lassen.
4. Die Eier hinzufügen und solange kochen, bis sie stocken.
5. Abschließend mit Salz und Koriander bestreuen

Nährwertangaben pro Portion:
279kcal | 14g Kohlenhydrate | 21g Fett | 18g Protein

FRÜHSTÜCKSGERICHTE

Zucchini Pancakes

2 Portionen – 15 Minuten Zubereitungszeit

Zutaten:

- 2 kleine Zucchini
- 1 kleine Zwiebel
- 2 Eier
- 5 EL Mandelmehl
- 1 TL Salz
- 1 Prise gemahlener schwarzer Pfeffer
- Kokosöl

1. Den Ofen auf 150°C vorheizen.
2. Zwiebel schälen und klein schneiden. Die Zucchini mit Hilfe einer Reibe in eine Schüssel reiben.
3. Die Zwiebel und die Eier mit der Zucchini vermengen. Anschließend auch das Mehl und das Salz und den Pfeffer hinzugeben.
4. In einer Pfanne wird nun das Öl bei hoher Temperatur erhitzt und der Teig hineingefüllt.
5. Bei mittlerer Temperatur die Pancakes für ca. 2 Minuten auf jeder Seite anbraten, bis sie goldbraun sind. Abschließend die Pancakes in den Ofen legen und kurz backen, bis auch die Mitte durch ist.

Nährwertangaben pro Portion:
513 kcal | 10g Kohlenhydrate | 42g Fett | 22g Protein

FRÜHSTÜCKSGERICHTE

Bohnen, Grünkohl, Tomaten und Eier

2 Portionen – 15 Minuten Zubereitungszeit

Zutaten:

- 4 große Eier
- 1 EL Oliven- oder Avocadoöl
- 200g frische kleine Tomaten
- 70g Grünkohl
- 200g schwarze Bohnen
- 1 Prise Salz
- 1 Prise gemahlener schwarzer Pfeffer

1. Die Kichererbsen in einen mittelgroßen Topf geben und kochen.
2. Anschließend das Öl bei mittlerer Hitze in einer Pfanne erhitzen.
3. Das Gemüse säubern. Den Grünkohl in kleine Stücke rupfen und die Tomaten halbieren.
4. Nun werden die Kichererbsen, die Tomaten und der Grünkohl in die Pfanne gegeben und für ca. 3-4 Minuten gebraten, bis der Kohl erschlafft.
5. Das Ganze aus der Pfanne nehmen und nach Geschmack mit Salz und Pfeffer würzen.
6. Anschließend die Eier in der Pfanne braten und zusammen mit den Kichererbsen, dem Kohl und den Tomaten servieren.

Nährwertangaben pro Portion:
384 kcal | 15g Kohlenhydrate | 22g Fett | 24g Protein

FRÜHSTÜCKSGERICHTE

Blaubeer Kokos Porridge

2 Portionen – 10 Minuten Zubereitungszeit

Zutaten:

Porridge:
- 240ml Mandelmilch
- 50g Leinensamen
- 35ml Kokosmilch
- 1 TL Zimt
- 1 TL Vanilleextrakt
- 10 Tropfen Stevia Süßungsmittel
- eine Prise Salz

für den Belag:
- 2 TL griechischer Joghurt
- 60g Blaubeeren
- 2 TL Kürbiskerne
- 80g Kokosraspeln

1. Die Mandelmilch bei geringer Hitze in einem Topf erwärmen. Etwas Salz, Kokosmehl, Zimt und die Leinensamen dazu geben und alles gut vermischen. Das Ganze nun vorsichtig zum Kochen bringen.
2. Anschließend das Vanilleextrakt und Stevia hinzufügen und solange köcheln lassen, bis das Porridge die gewünschte Konsistenz erreicht hat.
3. Das Kokosfleisch mit einer Reibe klein raspeln und alle weiteren Toppings vor dem Servieren hinzufügen.

Nährwertangaben pro Portion:
1.150kcal | 15 g Kohlenhydrate | 102g Fett | 40g Protein

FRÜHSTÜCKSGERICHTE

Schinkenröllchen

2 Portionen – 10 Minuten Zubereitungszeit

Zutaten:

- 6 Scheiben Schinken
- 3 EL Quark
- 3 EL Ricotta
- 1 grüne Zwiebel
- 1 Prise Pfeffer

1. Die Zwiebel waschen, schälen und in dünne Scheiben schneiden. Anschließend mit dem Quark und Ricotta in einer Schüssel vermengen. Etwas mit dem Pfeffer abschmecken.
2. Die Mischung nun mittig auf eine Scheibe Schinken geben und vorsichtig einrollen.

Nährwertangaben pro Portion:

145kcal | 5g Kohlenhydrate | 5g Fett | 19g Protein

FRÜHSTÜCKSGERICHTE

Joghurtsmoothie

2 Portionen – 5 Minuten Zubereitungszeit

Zutaten:

- 250g griechischen Joghurt
- 125g frische Erdbeeren
- 100g Rhabarber

1. Erdbeeren und Rhabarber waschen, den Strunk und die Enden entfernen und grobe Stücke schneiden.
2. Die Zutaten in einen geeigneten Mixer geben und für ca. 3 Minuten auf höchster Stufe fein pürieren. Auf 2 Gläser aufteilen und sofort servieren oder im Kühlschrank aufbewahren.

Nährwertangaben pro Portion:
99kcal | 11g Kohlenhydrate | 0g Fett | 8g Protein

FRÜHSTÜCKSGERICHTE

Buttermilch- Zimt- Pancakes

2 Portionen – 20 Minuten Zubereitungszeit

Zutaten:

- 150g Kokosmehl
- 100ml Buttermilch
- 2 kleine Eier
- ½ Vanilleschote
- ½ Päckchen Backpulver
- ½ TL Zimt
- etwas Rapsöl

1. Die Vanilleschote halbieren und das Mark mit einem Messer entfernen.
2. Das Vanillemark mit den übrigen Zutaten zu einem glatten Teig verarbeiten.
3. Eine Pfanne mit etwas Öl oder Butter ausstreichen und darin die Pancakes von beiden Seiten goldbraun ausbacken.
4. Vor dem Servieren noch etwas mit Zimt bestreuen.

Nährwertangaben pro Portion:
446 kcal | 16g Kohlenhydrate | 26g Fett | 25g Protein

FRÜHSTÜCKSGERICHTE

Kokosnussbrot

2 Portionen – 25-30 Minuten Zubereitungszeit

Zutaten:

- 3 kleine Eier
- 100g Kokosmehl
- 50g Kokosraspeln
- 75g griechischer Joghurt
- ½ TL Backpulver
- 1 Prise Salz

1. Den Ofen auf 180°C vorheizen.
2. Anschließend alle Zutaten zu einem glatten Teig verarbeiten. Den Teig für ca. 5 Minuten zugedeckt ruhen lassen.
3. Eine Backform gut einfetten und den Teig darin glatt verstreichen. Das Ganze nur für ca. 20-25 Minuten backen.
4. Vor dem Servieren noch etwas abkühlen lassen.

Nährwertangaben pro Portion:
465kcal | 13g Kohlenhydrate | 33g Fett | 19g Protein

FRÜHSTÜCKSGERICHTE

Low Carb Crêpes

2 Portionen – 15 Minuten Zubereitungszeit

Zutaten:

- 1 mittelgroßes Ei
- 90g Kokosmehl
- 50g griechischer Joghurt
- 125ml Milch
- 1 TL Zuckerersatz, z.B. Stevia
- etwas Öl
- nach Wunsch etwas frisches Obst zum Belegen

1. Alle Zutaten in eine Schüssel geben und mit Hilfe eines Handmixgerätes zu einem glatten Teig verarbeiten.
2. Bei mittlerer Hitze, etwas Öl in einer Pfanne erhitzen und den Crêpesteig portionsweise anbraten. Durch Schwenken der Pfanne verteilt sich der Teig besser, sodass der ganze Boden der Pfanne bedeckt ist.
3. Von beiden Seiten goldbraun ausbacken.
4. Nach Wunsch belegen oder einfach pur genießen.

Nährwertangaben pro Portion:
360kcal | 13g Kohlenhydrate | 23g Fett | 17g Protein

FRÜHSTÜCKSGERICHTE

Früchtequark

2 Portionen – 5 Minuten Zubereitungszeit

Zutaten:

- 300g Quark
- 1 mittelgroße Clementine
- 1 frische Kiwi

1. Die Clementine und die Kiwi schälen. Die Filets der Clementine mit einem geeigneten Messer herauslösen und den Saft in einer kleinen Schüssel auffangen.
2. Die Kiwi in mundgerechte Stücke schneiden.
3. Anschließend die Früchte und den Quark in eine Schüssel geben und vorsichtig miteinander vermengen.
4. Entweder sofort genießen oder im Kühlschrank aufbewahren.

Nährwertangaben pro Portion:
167kcal | 6g Kohlenhydrate | 1g Fett | 20g Protein

FRÜHSTÜCKSGERICHTE

Blaubeerpfannkuchen mit Bacon

2 Portionen – 5 Minuten Zubereitungszeit

Zutaten:

- 4 Streifen geräucherter Bacon
- 250g Mandelmehl
- 1 kleines Ei
- 100ml Milch
- 1 TL Backpulver
- 1 Prise Salz
- 20g Blaubeeren
- Olivenöl

1. Das Mehl, das Ei, Milch, Backpulver und Salz zusammen rühren.
2. Die Blaubeeren waschen und dem Teig hinzufügen.
3. Etwas Öl in einer Pfanne erhitzen und den Bacon auf jeder Seite für ca. 3-5 Minuten anbraten.
4. In einer weiteren Pfanne ebenfalls etwas Öl erhitzen und die Pancakes für 2-3 Minuten von jeder Seite anbraten, bis sie goldbraun sind.
5. Die Pancakes sofort zusammen mit dem Bacon servieren.

Nährwertangaben pro Portion:
986kcal | 11g Kohlenhydrate | 86g Fett | 38g Protein

FRÜHSTÜCKSGERICHTE

Sojaflocken mit Johannesbeeren

2 Portionen – 5 Minuten Zubereitungszeit

Zutaten:

- 200ml Buttermilch
- 150g Sojaflocken
- 50g frische Johannesbeeren

1. Die Johannesbeeren waschen und von ihren Stielen entfernen.
2. Nun die Buttermilch, sowie die Sojaflocken und die Beeren in 2 Schüsseln aufteilen und sofort servieren.

Nährwertangaben pro Portion:
402kcal | 10g Kohlenhydrate | 17g Fett | 40g Protein

FRÜHSTÜCKSGERICHTE

Granatapfel- Joghurt- Parfait

2 Portionen – 10 Minuten Zubereitungszeit

Zutaten:

- 250g griechischer Joghurt
- 100g Sojaflocken
- 1 kleinen Granatapfel

1. Mit der flachen Hand den Granatapfel auf der Arbeitsfläche rollen, in zwei Hälften schneiden und von außen mit einem Löffel gegen klopfen. Die einzelnen Kerne auf einen Teller legen.
2. 2 mittelgroße Gläser nehmen und jeweils eine Schicht Joghurt, Sojaflocken und Granatapfelkerne übereinander füllen. Diesen Arbeitsschritt wiederholen und sofort servieren.

Nährwertangaben pro Portion:
496kcal | 11g Kohlenhydrate | 28g Fett | 35g Protein

MITTAGSGERICHTE

Hüttenkäse- Salat

2 Portionen – 15 Minuten Zubereitungszeit

Zutaten:

- 4 mittelgroße Eier
- 4 Cherrytomaten
- ½ rote Paprika
- 4 Radieschen
- ½ Bund Frühlingszwiebeln
- 225g Hüttenkäse
- Salz und Pfeffer zum Würzen

1. Die Eier für ca. 10 Minuten kochen lassen, abkühlen und abschälen. Anschließend in kleine mundgerechte Würfel schneiden.
2. Das restliche Gemüse waschen und ebenfalls zerkleinern. Mit den Eiern vermengen.
3. Nun den Hüttenkäse dazugeben und alles durchmixen. Je nach Geschmack mit Salz und Pfeffer würzen.
4. Den Salat sofort verzehren oder im Kühlschrank aufbewahren.

Nährwertangaben pro Portion:
312kcal | 7g Kohlenhydrate | 19g Fett | 30g Protein

MITTAGSGERICHTE

Hähnchen mit Thunfischsauce

2 Portionen – 15 Minuten Zubereitungszeit

Zutaten:

- 20g Mayonnaise (light)
- 1/3 Dose Thunfisch
- 1 TL Hühnerbrühe
- 1 TL Naturjoghurt
- ½ TL Sardellenpaste
- 1 TL Zitronensaft
- 1 Prise Cayennepfeffer
- ½ Knoblauchzehe
- 2 Salatblätter
- 1 kleine rote Paprika
- 110g Hähnchenfleisch

1. Den Knoblauch schälen und in kleine Stücke hacken. Den Salat waschen und anschließend gut trocknen lassen. Die Paprika entkernen, in Streifen schneiden und in einer mit Öl erhitzten Pfanne anbraten.
2. Das Fleisch in dünne Streifen schneiden und in etwas gesalzenem Wasser so lange kochen, bis es gar ist.
3. Nun die Mayonnaise, den Thunfisch, Joghurt, Zitronensaft, Hühnerbrühe, Knoblauch, Sardellensauce und den Pfeffer in einen Mixer geben und für ca. 1 Minute zu einer Sauce verarbeiten.
4. Zum Servieren die Salatblätter ausbreiten, das gekochte Hähnchen darauf geben und die Thunfischsauce darüber portionieren. Die angebratenen Paprika ebenfalls dazu geben.

Nährwertangaben pro Portion:
137 kcal | 4g Kohlenhydrate | 5g Fett | 20g Protein

MITTAGSGERICHTE

Gurkennudeln mit Fetapesto

2 Portionen – 30 Minuten Zubereitungszeit

Zutaten:

- ½ Salatgurke
- 40g Basilikum
- 15g Pinienkerne
- 40g Fetakäse
- 15g Parmesan
- ½ Knoblauchzehe
- Öl
- Salz und Pfeffer zum Würzen

1. Fetakäse und Parmesan grob zerkleinern und in einen Mixer geben. Im Anschluss auch die Pinienkerne und das Basilikum hinzufügen.
2. Den Knoblauch schälen, pressen und ebenfalls in den Mixer geben. Zu dieser Mischung etwa 50ml Olivenöl geben und alles zu einem cremigen Pesto verarbeiten. Das Pesto in eine Schüssel geben und kühl im Kühlschrank lagern. Da sich das Pesto für einige Tage im Kühlschrank hält, kann dieses auch schon am Tag davor zubereitet werden.
3. Nun die Gurke schälen und zuerst längst und dann quer halbieren. Mit Hilfe eines kleinen Löffels die Kerne entfernen bis ausschließlich das feste Fruchtfleisch übrigbleibt. Dieses mit einem Sparschäler in dünne Streifen schneiden und auf einem Teller verteilen.
4. Die Gurkennudeln mit Salz und Pfeffer würzen und das Pesto darauf verteilen.

Nährwertangaben pro Portion:
199 kcal | 4g Kohlenhydrate | 15g Fett | 5g Protein

MITTAGSGERICHTE

Auberginengemüse mit Paprika

2 Portionen – 25 Minuten Zubereitungszeit

Zutaten:

- 150g Auberginen
- 150g Magerquark
- ½ Dose Pizzatomaten
- ½ Gemüsezwiebel
- 3 eingelegt Paprika
- 3 Basilikumblätter
- Italienische Kräutermischung
- Paprikapulver
- Öl
- Salz und Pfeffer zum Würzen

1. Die eingelegten Paprika in feine Würfel schneiden und mit dem Quark vermengen. Die Basilikumblätter klein hacken und ebenfalls hinzufügen. Im Anschluss je nach Geschmack mit Paprikapulver, Salz und Pfeffer würzen. Bis zum Servieren im Kühlschrank lagern.
2. Die Auberginen und die Zwiebel würfeln und in einer Pfanne mit Öl zuerst die Zwiebeln und dann auch die Auberginenwürfel andünsten. Anschließend für ca. 3 Minuten anbraten und dann mit den Dosentomaten ablöschen.
3. Bei geringer Hitze für ca. 10 Minuten einkochen lassen und mit der Kräutermischung, sowie mit dem Salz und Pfeffer nach Belieben würzen.
4. Das Auberginengemüse in einer kleinen Schüssel servieren und je nach Geschmack zusammen oder separat mit dem Quark servieren.

Nährwertangaben pro Portion:

173kcal | 12g Kohlenhydrate | 7g Fett | 12g Protein

MITTAGSGERICHTE

Zucchiniröllchen

2 Portionen – 25 Minuten Zubereitungszeit

Zutaten:

- 1 Zucchini
- 100g Kräuterfrischkäse
- 3 Radieschen
- 1 Frühlingszwiebel
- 1 TL Zitronensaft
- Öl
- Salz und Pfeffer zum Würzen

1. Den Ofen auf 175°C vorheizen.
2. Die Zucchini zuerst waschen und anschließend mit einem scharfen Messer in dünne Streifen schneiden. Die Breite sollte so ausgewählt werden, dass die Füllung genug Platz findet, aber die Röllchen trotzdem gedreht werden können.
3. Zuerst die Frühlingszwiebeln in feine Ringe schneiden. Nun die Radieschen waschen und mit einer Küchenmaschine zerkleinern. Beide Zutaten mit dem Kräuterfrischkäse vermischen. Zusätzlich Zitronensaft, Salz und Pfeffer dazu geben und alles gut vermengen.
4. Die Füllung dünn auf den Zucchinistreifen verstreichen und zu kleinen Röllchen aufrollen. Mit der naht nach unten in eine Auflaufform legen. Alles nach Belieben mit Salz und Pfeffer würzen.
5. Die Auflaufform in den Ofen geben und für ca. 15 Minuten backen. Die Röllchen noch warm servieren.

Nährwertangaben pro Portion:
175kcal | 10g Kohlenhydrate | 14g Fett | 5g Protein

MITTAGSGERICHTE

Ofenschafskäse

2 Portionen – 25 Minuten Zubereitungszeit

Zutaten:

- 2 Scheiben Schafskäse á 150-200g
- 1 Knoblauchzehe
- 5 Cherrytomaten
- 1 Zweig Rosmarin
- 1 Zweig Thymian
- ½ Zitrone
- 1 TL Kapern
- 1 TL Tomatenmark
- Paprikapulver
- Olivenöl
- Salz und Pfeffer zum Würzen

1. Den Ofen auf 150°C vorheizen.
2. 2 Lagen Alufolie so bearbeiten, dass sie später als eine Art Garform für den Käse fungieren. Jeweils bis zur Hälfte dünn mit Olivenöl bestreichen.
3. Das Tomatenmark zusammen mit den Kapern vermischen und zusätzlich mit etwas Paprikapulver, Salz und Pfeffer würzen. Die zwei Schafskäse auf den zwei Schichten Alufolie platzieren und mit dem Tomatenmark bestreichen.
4. Nun die Knoblauchzehen schälen, in Scheiben schneiden und um den Schafkäse verteilen. Die Cherrytomaten halbieren und den Käse damit ebenfalls einrahmen.
5. Jeweils einen Zweig Rosmarin und Thymian auf den Schafskäse legen und alles mit etwas Zitronensaft beträufeln. das Ganze in den Ofen schieben und für ca. 15 Minuten backen. Den Schafskäse in der Alufolie anrichten und noch warm genießen.

Nährwertangaben pro Portion:
612kcal | 4g Kohlenhydrate | 51g Fett | 37g Protein

MITTAGSGERICHTE

Knuspriger Basilikumsalat im Glas

2 Portionen – 10 Minuten Zubereitungszeit

Zutaten:

untere Schicht:
- 6 EL Olivenöl
- 6 TL Apfelessig
- 4 TL Honig
- 4 TL frisches Basilikum
- 1 Knoblauchzehe

mittlere Schicht:
- 5 Cherrytomaten
- 1 orange und 1 rote Paprika
- 1 mittelgroße Salatgurke
- 1 Karotte
- ½ Avocado
- Pinienkerne
- 150g Fleisch, z.B. Hähnchenbrustfilet

oberste Schicht:
- eine Hand voll junger Spinat

1. Für die Aufbewahrung des Salats wird ein mittelgroßes, verschließbares Glas benötigt, z.B. ein Mason Jar. So hält sich der Salat bis zu 7 Tage frisch und ist perfekt zum Mitnehmen.
2. Die untere Schicht ist das Salatdressig. Dazu einfach alle Zutaten in eine Schüssel geben, verrühren und in das Glas geben.
3. Für die zweite Schicht zuerst das Gemüse waschen und in kleine mundgerechte Stücke schneiden. Die Karotte mit einer Reibe in streifen reiben. Das Fleisch nach Belieben braten und ebenfalls zerkleinern. Anschließend alles zusammen auf das Dressing in das Glas geben.
4. Zum Schluss nur noch den Spinat als oberste Schicht anrichten und das Glas fest verschließen.
5. Der Salat eignet sich sehr gut zum Mitnehmen, dazu einfach vor dem Verzehren einfach ein wenig schütteln und anschließend genießen.

Nährwertangaben pro Portion:
778 kcal | 16g Kohlenhydrate | 64g Fett | 28g Protein

MITTAGSGERICHTE

Koreanischer Sesamsalat im Glas

2 Portionen – 10 Minuten Zubereitungszeit

Zutaten:

<u>untere Schicht:</u>
- 2 EL Sojasauce
- 2 EL geriebener Ingwer
- 2 EL Wasser
- 2 TL Honig
- 2 EL weißer Essig
- 4 TL Sesamöl
- 2 TL rote Paprikaflocken

<u>mittlere Schicht:</u>
- 10 Babykarotten
- ½ Zwiebel
- ½ Salatgurke
- 2 EL Zuckererbsen
- 1 orange Paprika
- 10 Cherrytomaten

<u>oberste Schicht:</u>
- eine Hand voll Eisbergsalat
- eine Hand voll Rotkohl

1. Für die Aufbewahrung des Salats wird ein mittelgroßes, verschließbares Glas benötigt, z.B. ein Mason Jar. So hält sich der Salat bis zu 7 Tage frisch und ist perfekt zum Mitnehmen.
2. Die untere Schicht ist das Salatdressig. Dazu einfach alle Zutaten in eine Schüssel geben, verrühren und in das Glas geben.
3. Für die zweite Schicht zuerst das Gemüse waschen und in kleine mundgerechte Stücke oder Scheiben schneiden. Anschließend alles zusammen auf das Dressing in das Glas geben.
4. Zum Schluss noch etwas von dem Eisbergsalat und dem Rotkohl zerkleinern und als oberste Schicht dazugeben. Das Glas nun fest mit einem Deckel verschließen.
5. Der Salat eignet sich sehr gut zum Mitnehmen, dazu vor dem Verzehren einfach ein wenig schütteln und anschließend genießen.

Nährwertangaben pro Portion:
589kcal | 13g Kohlenhydrate | 50g Fett | 5g Protein

MITTAGSGERICHTE

Sizilianischer Salat im Glas

2 Portionen – 10 Minuten Zubereitungszeit

Zutaten:

untere Schicht:
- 6 EL junges Olivenöl
- 4 EL Balsamico Essig
- 1 TL getrockneter Oregano
- Salz und Pfeffer zum Würzen

mittlere Schicht:
- 6-8 Oliven
- 8 Cherrytomaten
- Salamischeiben
- Mini Mozzarellakügelchen

oberste Schicht:
- Römersalat

1. Für die Aufbewahrung des Salats wird ein mittelgroßes, verschließbares Glas benötigt, z.B. ein Mason Jar. So hält sich der Salat bis zu 7 Tage frisch und ist perfekt zum Mitnehmen.
2. Die untere Schicht ist das Salatdressig. Dazu einfach alle Zutaten in eine Schüssel geben, verrühren und in das Glas geben.
3. Für die zweite Schicht zuerst das Gemüse waschen und in kleine mundgerechte Stücke oder Scheiben schneiden. Anschließend alles zusammen auf das Dressing in das Glas geben.
4. Zum Schluss noch etwas von dem Römersalat zerkleinern und als oberste Schicht dazugeben. Das Glas nun fest mit einem Deckel verschließen.
5. Der Salat eignet sich sehr gut zum Mitnehmen, dazu vor dem Verzehren einfach ein wenig schütteln und anschließend genießen.

Nährwertangaben pro Portion:
895kcal | 7g Kohlenhydrate | 86g Fett | 21g Protein

MITTAGSGERICHTE

Asiatischer Ingwersalat im Glas

2 Portionen – 10 Minuten Zubereitungszeit

Zutaten:

untere Schicht:
- 1 Knoblauchzehe
- 2 TL geriebenen Ingwer
- 4 EL Olivenöl
- 4 TL Reisessig
- 2 EL Sojasauce
- 2 TL Honig

mittlere Schicht:
- 1 Hand voll Sprossen
- Brokkolirösschen
- 2 EL Zuckererbsen
- ½ Apfel oder Birne
- 1 Karotte
- 6-8 Walnüsse
- 8 Scheiben Putenbrust

oberste Schicht:
- jungen Römersalat

1. Für die Aufbewahrung des Salats wird ein mittelgroßes, verschließbares Glas benötigt, z.B. ein Mason Jar. So hält sich der Salat bis zu 7 Tage frisch und ist perfekt zum Mitnehmen.
2. Die untere Schicht ist das Salatdressig. Dazu einfach alle Zutaten in eine Schüssel geben, verrühren und in das Glas geben.
3. Für die zweite Schicht zuerst das Gemüse waschen und in kleine mundgerechte Stücke oder Scheiben schneiden. Die Karotte in dünne Streifen reiben und die Walnüsse zerhacken. Anschließend alles zusammen auf das Dressing in das Glas geben.
4. Zum Schluss noch etwas von dem Römersalat zerkleinern und als oberste Schicht dazugeben. Das Glas nun fest mit einem Deckel verschließen.
5. Der Salat eignet sich sehr gut zum Mitnehmen, dazu vor dem Verzehren einfach ein wenig schütteln und anschließend genießen.
6. In einem luftdichten Behältnis hält sich das Gericht bis zu 7 Tage im Kühlschrank.

Nährwertangaben pro Portion:
568kcal | 12g Kohlenhydrate | 45g Fett | 22g Protein

MITTAGSGERICHTE

Erdbeer- Hähnchen- Spinat- Salat

2 Portionen – 20 Minuten Zubereitungszeit

Zutaten:

- 500g Spinat
- 225g Hähnchenfilet
- 65g Mais aus der Dose
- 70g frische Erdbeeren
- 3 TL Fetakäse
- 1 Zitrone
- 1 TL Olivenöl
- 2 TL Weißweinessig
- 1 TL Zuckerersatz
- 1 TL Mohn
- 40g Pecannüsse
- 75g Avocado
- 40g Zwiebel

1. Das Hähnchenfilet in mundgerechte Stücke schneiden und kochen. Die Zwiebel, die Avocado und die Erdbeeren jeweils säubern und in kleine Stücke schneiden.
2. In eine große Schüssel den Spinat geben und mit den restlichen Zutaten, mit Ausnahme auf den Essig, Öl, Mohn und Zuckerersatz, vermischen.
3. Die übrigen Zutaten in einer kleinen Schüssel zu einem Dressing anrühren und zu dem Salat servieren.

Nährwertangaben pro Portion:

1136kcal | 17g Kohlenhydrate | 81g Fett | 55g Protein

MITTAGSGERICHTE

Hähnchensalat mit Äpfeln und Walnüssen

2 Portionen – 10 Minuten Zubereitungszeit

Zutaten:

- 1 große Hähnchenbrust
- 2 Stangen Sellerie
- 600 grüner Laubsalat
- ½ großer grüner Apfel
- 30g Walnüsse
- 2 EL Rosinen
- 50ml Italienisches Dressing light

1. In einer Pfanne etwas Öl bei mittlerer Hitze erwärmen und die Hähnchenbrust für ca. 8 Minute auf jeder Seite anbraten.
2. Nachdem das Hähnchen durch ist, abkühlen lassen und in mundgroße Stücke schneiden.
3. Den Salat waschen und auf 2 Teller verteilen. Sellerie und Apfel waschen und jeweils in kleine Stücke schneiden. Zusammen mit den Wallnüssen auf beiden Tellern verteilen. Anschließend jeweils einen TL Rosinen dazugeben.
4. Zum Schluss über jeden Salat noch einen Schuss Dressing geben und servieren.

Nährwertangaben pro Portion:
509kcal | 12g Kohlenhydrate | 16g Fett | 68g Protein

MITTAGSGERICHTE

Gegrillter Hähnchen Salat

2 Portionen – 25 Minuten Zubereitungszeit

Zutaten:

- 2 mittelgroße Hähnchenbrüste
- 1 große Selleriestange
- etwas Salz und Pfeffer zum Würzen
- 2 EL Olivenölmayonnaise
- 2 TL getrockneter Dill
- 4 kleine low-carb Pitataschen
- 2-3 Blätter Römersalat für jede Tasche
- etwas Öl

1. In einer Pfanne etwas Öl bei mittlerer Hitze erwärmen und die Hähnchenbrüste für ca. 8 Minute auf jeder Seite anbraten.
2. Während das Hähnchen in der Pfanne ist, den Sellerie waschen und in kleine Stücke schneiden.
3. Nachdem das Hähnchen durch ist, abkühlen lassen und in mundgroße Stücke schneiden.
4. Das Hähnchen, Sellerie, Mayonnaise, Dill und etwas Salz und Pfeffer in eine Schüssel geben und gut vermischen.
5. Die Pitataschen aufschneiden, jeweils ein paar Salatblätter hineinlegen und mit Hilfe eines Löffels das Hähnchen dazugeben. Dieses Gericht eignet sich gut zum Mitnehmen.

Nährwertangaben pro Portion:
619kcal | 16g Kohlenhydrate | 21g Fett | 80g Protein

MITTAGSGERICHTE

Spanischer Salat

2 Portionen – 15 Minuten Zubereitungszeit

Zutaten:

- 2 Schalotten
- 2 rote Paprika
- 1 Römersalat
- 6 Oliven
- 1 TL Paprikapulver
- 2 Knoblauchzehen
- Balsamicoessig
- 5 Mandeln
- 2 Scheibe Schwarzbrot
- Salz und Pfeffer zum Würzen

1. Den Ofen auf 180°C vorheizen.
2. Die Schalotten schälen und in den Ofen geben, bis sie durch sind. Anschließend in eine Schüssel geben und den Salat, die Paprika, Oliven und Mandeln hinzufügen.
3. Alles gut verrühren und mit dem Balsamicoessig, dem Paprikapulver und Salz und Pfeffer würzen. Die Brotscheiben toasten und mit dem kleingehackten Knoblauch einreiben. Im Anschluss das Brot in den Salat krümeln.
4. Den Salat sofort verzehren oder im Kühlschrank aufbewahren.

Nährwertangaben pro Portion:
531kcal | 17g Kohlenhydrate | 30g Fett | 19g Protein

MITTAGSGERICHTE

Mango Salsa Salat

2 Portionen – 10 Minuten Zubereitungszeit

Zutaten:

- 1 Mango
- 1 grüne Zwiebel
- 3 TL gehackter Koriander
- 3 TL Zitronensaft
- 1 rote Paprika
- 1 Jalapeño Paprika

1. Mango schälen und in mundgerechte Stücke schneiden. Paprika und Zwiebel ebenfalls kleinschneiden. Die Jalapeño in kleine Würfel hacken. Alle Zutaten in eine Schüssel geben und gut verrühren. Die Schüssel zudecken und für 30 Minuten ruhen lassen, damit sich alle Aromen miteinander verbinden können.
2. Den Salat anschließend servieren oder im Kühlschrank aufbewahren.

Nährwertangaben pro Portion:
119kcal | 14g Kohlenhydrate | 1g Fett | 2g Protein

MITTAGSGERICHTE

Frischer Gurken Joghurt Salat

2 Portionen – 5 Minuten Zubereitungszeit

Zutaten:

- 500g Naturjoghurt
- 3-4 Englische Gurken
- 1 TL Dill
- 1 Schalotte
- 1 Knoblauchzehe
- Salz und Pfeffer zum Würzen

1. Die Gurken waschen, schälen und in dünne Scheiben schneiden. Die Schalotte klein hacken.
2. Alles in eine Schüssel geben und den Joghurt hinzufügen. Nach Geschmack mit Salz und Pfeffer und Dill würzen. Das Ganze über Nacht kühl stellen und gekühlt servieren.

Nährwertangaben pro Portion:
199kcal | 16g Kohlenhydrate | 9g Fett | 12g Protein

MITTAGSGERICHTE

Karottensalat mit Ingwer und Zitrone

2 Portionen – 5 Minuten Zubereitungszeit

Zutaten:

- 4 große Karotten
- 4 Knoblauchzehen
- 1 TL Zimt
- ¼ Ingwerknolle
- Öl
- 1 TL Zitronensaft
- Salz und Pfeffer zum Würzen

1. Die Karotten waschen, schälen und in Scheiben schneiden. Den Ingwer reiben, den Knoblauch schälen und klein hacken und zusammen mit dem Zimt, einem Schuss Öl und Salz und Pfeffer in eine Schüssel geben. Alles gut verrühren.
2. Die Mixtur über die Karotten geben, mit Zitronensaft garnieren und servieren.

Nährwertangaben pro Portion:
131 kcal | 15g Kohlenhydrate | 7g Fett | 3g Protein

MITTAGSGERICHTE

Rindfleisch, Spinat und Avocado Salat

2 Portionen – 5 Minuten Zubereitungszeit

Zutaten:

- 150g Rindfleisch
- ½ Avocado
- ½ rote Zwiebel
- 1 Tomate
- 100g junger Spinat
- 1 EL Olivenöl
- Salz und Pfeffer zum Würzen

<u>für das Dressing:</u>
- 2 EL Zitronensaft
- 1 EL Olivenöl
- 1 EL Senf

1. Die Dressingzutaten zusammen in eine Schüssel geben und gut verrühren.
2. Die Avocado entkernen, schälen und in Scheiben schneiden. Die Zwiebel schälen und würfeln.
3. In einer großen Pfanne etwas Öl erhitzen und die Zwiebeln und das Rindfleisch anbraten. Gelegentlich wenden, bis das Fleisch durch ist.
4. Das Fleisch zusammen mit dem Spinat, Tomate und Avocado in eine große Schüssel geben. Mit Salz, Pfeffer und dem Dressing würzen und servieren.

Nährwertangaben pro Portion:
324kcal | 10g Kohlenhydrate | 23g Fett | 20g Protein

MITTAGSGERICHTE

Mediterraner Rindfleisch Salat

2 Portionen – 10 Minuten Zubereitungszeit

Zutaten:

- 150g Rindfleisch
- ½ Avocado
- ½ Salatgurke
- 1 Tomate
- ½ gelbe Paprika
- 1 Karotte
- 6 schwarze Oliven
- 2 Basilikumblätter
- 2 frische Oreganoblätter
- 2 EL junges Olivenöl
- Salz und Pfeffer zum Würzen

1. Das Gemüse waschen und in mundgerechte Stücke schneiden. Die Oliven entkernen und halbieren. Die Avocado schälen, entkernen und in dünne Streifen schneiden. Die Karotte in dünne Streifen reiben.
2. Die Avocado mit dem restlichen Gemüse in eine große Salatschüssel geben. Die Basilikum- und Oreganoblätter zerreißen und dazugeben.
3. Etwas Öl in einer Pfanne erhitzen und das Rindfleisch von beiden Seiten gut anbraten. Anschließend in Streifen schneiden.
4. Alles je nach Geschmack mit Salz und Pfeffer würzen und mit dem Olivenöl garnieren. Den Salat mit dem Rindfleisch servieren.

Nährwertangaben pro Portion:
396 kcal | 12g Kohlenhydrate | 30g Fett | 20g Protein

HAUPTGERICHTE

Würziger Schwarzwurzelsalat

2 Portionen – 20 Minuten Zubereitungszeit

Zutaten:

- 250g Schwarzwurzeln
- 125g Ziegenkäse
- 1 Chicorée
- ½ Zitrone
- 1 TL frischer Schnittlauch
- Sherryessig
- Öl
- Salz und Pfeffer zum Würzen

1. Die Schwarzwurzeln gut waschen und unter laufendem Wasser von Erdresten befreien. Anschließend schälen, Tipp: hierbei Handschuhe benutzen, da die Schwarzwurzeln sehr stark kleben können.
2. Nun mit einem Schuss Öl in einer Pfanne anbraten.
3. Die Schwarzwurzeln etwas abtropfen lassen und in einer Salatschüssel geben.
4. Den Chicorée in mundgerechte Stücke schneiden und ebenfalls in der Schüssel andünsten. Im Anschluss ebenfalls in die Salatschüssel geben.
5. Den Ziegenkäse in ca. 1cm große Würfel schneiden und den Schwarzwurzeln zufügen und gut vermengen.
6. Um das Dressing zuzubereiten, zu gleichen Teilen Sherryessig und Öl mischen und nach Geschmack mit Salz und Pfeffer würzen. Zusammen mit dem Schnittlauch wird das Dressing gut über dem Salat verteilt. Ein paar Zitronenspritzer dazu geben und den Salat am besten Lauwarm servieren.

Nährwertangaben pro Portion:
456kcal | 8g Kohlenhydrate | 32g Fett | 19g Protein

HAUPTGERICHTE

Rindfleisch- Brokkoli-Pfanne

2 Portionen – 25 Minuten Zubereitungszeit

Zutaten:

- 2 TL Kornstärke
- 60ml Wasser
- ½ TL Knoblauchpulver
- 225g Rindfleisch
- 1 TL Öl
- 350g Brokkoliröschen
- ½ Zwiebel
- 2 EL Sojasauce
- 1 TL Zuckerersatz
- 1 TL geriebenen Ingwer
- Salz und Pfeffer zum Würzen

1. Die Kornstärke mit dem Knoblauchpulver und dem Wasser vermengen. Das Rindfleisch von beiden Seiten in der Mixtur wenden.
2. Das Öl in einer Pfanne bei mittlerer Hitze erwärmen. Das Fleisch hinzugeben und bis zur gewünschten Konsistenz braten.
3. Anschließend den Brokkoli waschen, Zwiebel schälen und in kleine Stücke schneiden. Beides zusammen in einer Pfanne für ca. 5 Minuten braten. Die restlichen Zutaten zusammenmischen und dem Brokkoli hinzufügen. Das Ganze nun für weitere 2 Minuten anbraten.
4. Das Gericht sofort und noch warm servieren.

Nährwertangaben pro Portion:
267kcal | 10g Kohlenhydrate | 14g Fett | 28g Protein

HAUPTGERICHTE

Rucola-Grünkohlsalat

2 Portionen – 20 Minuten Zubereitungszeit

Zutaten:

- 300g Grünkohl
- 50g Rucola
- 25g Pinienkerne
- 15g Parmesan
- 1 Eigelb
- ½ Knoblauchzehe
- 1 EL Senf
- Öl
- Salz und Pfeffer zum Würzen

1. Den Grünkohl in Stücke schneiden und in heißem, vorher gesalzenem Wasser fünf Minuten garen lassen. Im Anschluss in einem Sieb abtropfen lassen und für den Moment zur Seite stellen.
2. Den Knoblauch und Rucola zusammen mit dem Parmesan und den Pinienkernen in einen geeigneten Mixer geben und mit Hilfe von etwas Öl zu einem Pesto verarbeiten.
3. Zum Würzen den Senf und Salz und Pfeffer hinzufügen.
4. Das Pesto über den Grünkohl geben, gut vermischen und servieren.

Nährwertangaben pro Portion:
257kcal | 8g Kohlenhydrate | 18g Fett | 10g Protein

HAUPTGERICHTE

Ingwer-Möhrensuppe mit Hähnchen

2 Portionen – 25 Minuten Zubereitungszeit

Zutaten:

- 200g Möhren
- 100g Hähnchenfilets
- ½ Gemüsezwiebel
- 15g Ingwer
- 300ml Gemüsebrühe
- Öl
- Salz und Pfeffer zum Würzen

1. Die Zwiebel schälen und in kleine, feine Würfel schneiden. Diesen Arbeitsschritt mit dem Ingwer wiederholen.
2. Beide Zutaten mit etwas Öl in einem kleinen Topf bei mittlerer Hitze langsam glasig andünsten.
3. Währenddessen die Möhren schälen und nach Belieben in kleine Würfel oder dünne Scheiben schneiden. Diese ebenfalls in den Topf geben und für 5 Minuten andünsten.
4. Die Hähnchenfilets würzen und auf Spieße stecken. Die Spieße von beiden Seiten anbraten und schon mal auf einen Teller legen.
5. Das Gemüse mit der Brühe ablöschen und alles zusammen für ungefähr 20 Minuten kochen lassen.
6. Mit Hilfe eines Mixstabes die Suppe so lange pürieren, bis die gewünschte Konsistenz erreicht ist. nach Belieben mit Salz und Pfeffer würzen und abschmecken. Die Suppe kann nach Geschmack auch mit Pfefferkörnern oder Kokosmilch verfeinert werden.

Nährwertangaben pro Portion:
158kcal | 11g Kohlenhydrate | 8g Fett | 13g Protein

HAUPTGERICHTE

Cremige Champignonsuppe

2 Portionen – 25 Minuten Zubereitungszeit

Zutaten:

- 175g braune Champignons
- 60g Hüttenkäse
- 250ml Gemüsebrühe
- 50ml Milch
- ½ Gemüsezwiebel
- 1 EL Kräuterfrischkäse
- 1 TL Schnittlauch
- 1 TL Petersilie
- Öl
- Salz und Pfeffer zum Würzen

1. Die Champignons mit Hilfe einer kleinen Bürste von der Erde befreien und in Scheiben schneiden. In einem kleinen Topf mit 1 TL Öl anbraten.
2. Die Champignons dann aus dem Topf entfernen und in einer Schüssel kurz beiseitestellen.
3. Die Zwiebel schälen und in feine Würfel schneiden. Diese mit etwas Öl im Topf andünsten bis die Zwiebeln glasig sind. Nun die Champignons hinzufügen und mit der Gemüsebrühe ablöschen. Für 5 Minuten köcheln lassen.
4. Anschließend den Hüttenkäse hinzufügen und unter Rühren bei mittlerer Hitze langsam schmelzen lassen. Im Anschluss Milch und Frischkäse dazu geben und ebenfalls langsam einrühren.
5. Die Suppe pürieren, je nach Geschmack etwas dicker oder dünner machen.
6. Schnittlauch und Petersilie hinzufügen und nach Belieben mit Salz und Pfeffer würzen. Die Suppe noch warm servieren, da die Aromen so am besten zur Geltung kommen.

Nährwertangaben pro Portion:
238 kcal | 4g Kohlenhydrate | 17g Fett | 14g Protein

HAUPTGERICHTE

Selleriesuppe mit Hähnchen

2 Portionen – 25 Minuten Zubereitungszeit

Zutaten:

- ½ Zwiebel
- 1 Knoblauchzehe
- 1 Stange Sellerie
- 1 EL Olivenöl
- 175g Hähnchenbrustfilet
- 750ml Hühnerbrühe
- 1 EL frische Petersilie
- 1 TL Maismehl
- 1 EL Apfelessig
- Salz und Pfeffer zum Würzen

1. Die Zwiebel, den Knoblauch und Sellerie schälen und in kleine Stücke schneiden. Das Hähnchen waschen und in mittelgroße, mundgerechte Stücke schneiden.
2. Diese Zutaten mit etwas Öl in einer Pfanne bei mittlerer Hitze langsam anbraten, bis das Fleisch durch, aber noch nicht angebräunt ist. Ständig umrühren.
3. Etwas Hühnerbrühe mit dem Maismehl verrühren, bis eine Pasten ähnliche Substanz entsteht. Nun das Maismehl hinzufügen und die Temperatur erhöhen, bis sich das Maismehl aufgelöst hat. Die restliche brühe ebenfalls dazu geben.
4. Das ganze nun auf hoher Stufe für ca. 15- 20 Minuten köcheln lassen.
5. Die Pfanne von der Herdplatte nehmen und alles gut durchrühren. Petersilie und Apfelessig hinzufügen und je nach Geschmack noch mit Salz und Pfeffer würzen.
6. Die Suppe servieren, solange sie warm ist.

Nährwertangaben pro Portion:
893kcal | 10g Kohlenhydrate | 53g Fett | 84g Protein

HAUPTGERICHTE

Artischockenpfanne mit Pilzen

2 Portionen – 15 Minuten Zubereitungszeit

Zutaten:

- 300g braune Champignons
- ½ Dose Artischokenherzen
- 1 kleine rote Zwiebel
- ½ Knoblauchzehe
- etwas Olivenöl
- Salz und Pfeffer zum Würzen

1. Die Artischokenherzen in ein Sieb füllen und abtropfen lassen. Die Pilze säubern und in Scheiben schneiden.
2. Die Zwiebel und den Knoblauch schälen und in kleine Würfelchen schneiden.
3. Das Olivenöl in einer Pfanne erhitzen und zuerst die Champignons anbraten. Die Pfanne leicht schwenken, bis alle Pilze gleichmäßig gebräunt sind
4. Anschließend die Artischokenherzen hinzufügen und die bei mittlerer Hitze erwärmen. Je nach Geschmack mit Salz und Pfeffer würzen.

Tipp: Dieses Gericht lässt sich auch sehr gut auf dem Grill zubereiten. Dazu einfach alle Zutaten in Alufolie wickeln und für ca. 15 Minuten auf dem Grill garen lassen.

Nährwertangaben pro Portion:
110kcal | 6g Kohlenhydrate | 8g Fett | 5g Protein

HAUPTGERICHTE

Spargelpasta mit Walnusspesto

2 Portionen – 20 Minuten Zubereitungszeit

Zutaten:

- 500g frischer Spargel
- 25g Parmesan
- 25g Walnusskerne
- ½ Bund Petersilie
- ½ Zitrone
- 25ml Olivenöl
- Salz und Pfeffer zum Würzen

1. Für das Pesto, die Walnusskerne in einen geeigneten Mixer geben. Die Petersilie und den Parmesan etwas zerkleinern und ebenfalls in den Mixer geben. Anschließend etwas Olivenöl und die Mischung langsam in dem Mixer zu einem Pesto verarbeiten.
2. Tipp: Für noch weniger Kalorien, können auch 2 EL Wasser anstelle des Olivenöles verwendet werden.
3. Das Pesto nach Belieben mit Salz und Pfeffer würzen und anschließend im Kühlschrank ziehen lassen.
4. Für die Zubereitung der Pasta, zuerst den Spargel schälen. Im Anschluss mit einem Sparschäler längs in feine Streifen schneiden. Diese Spargelstreifen in etwas Öl in der Pfanne anbraten oder in einem mittelgroßen Topf mit Wasser, Salz und Zitrone für ca. 5 Minuten kochen.
5. Die Spargelpasta nun mit dem Pesto zusammen auf einem Teller anrichten und entweder warm oder lauwarm genießen.

Nährwertangaben pro Portion:
236kcal | 6g Kohlenhydrate | 15g Fett | 7g Protein

HAUPTGERICHTE

Rote Bete Carpaccio

2 Portionen – 25 Minuten Zubereitungszeit

Zutaten:

- 1 frische rote Betekugel
- 40g Parmesan
- ¼ Bund Petersilie
- etwas Balsamicoessig
- Olivenöl
- Salz und Pfeffer zum Würzen

1. Die rote Bete in einem kleinen Topf mit Wasser bedecken und für ca. 20-25 Minuten kochen.
2. Anschließend abkühlen lassen und mit einem scharfen Messer in hauchdünne Scheiben schneiden. dafür am besten Handschuhe benutzen, um eine Verfärbung der Hände zu vermeiden.
3. Die Scheiben auf einem Teller anrichten. In einer Schüssel zu gleichen Teilen das Öl mit dem Balsamicoessig vermischen. Nach Geschmack das Dressing mit Salz und Pfeffer würzen und großzügig über die rote Betescheiben verteilen.
4. Abschließend die Petersilie klein hacken und den Parmesan reiben und beides über die rote Bete geben. Entweder im Kühlschrank aufbewahren oder sofort servieren.

Nährwertangaben pro Portion:
187kcal | 11g Kohlenhydrate | 7g Fett | 1g Protein

HAUPTGERICHTE

Krosse Blumenkohl-Bratlinge

2 Portionen – 25 Minuten Zubereitungszeit

Zutaten:

- ½ Blumenkohl
- etwas Currypulver
- 100g Kefir
- 50g Crème Fraiche (Light)
- ¼ Bund Frühlingszwiebeln
- Öl
- Salz und Pfeffer zum Würzen

1. Den Blumenkohl als großes Stück in einem Topf mit gesalzenem Wasser für ca. 10 Minuten kochen.
2. Den Blumenkohl in einem Sieb abtropfen lassen und anschließend in etwa 1,5 cm dicke Scheiben schneiden.
3. Die Scheiben mit Salz und Pfeffer würzen und von beiden Seiten in einer Pfanne gleichmäßig goldbraun anbraten.
4. Für die Zubereitung es Dips einfach den Kefir und Crème Fraiche in eine Schüssel geben und mit etwas Currypulver verrühren. Je nach Geschmack mit etwas Salz, Pfeffer und Öl hinzufügen. Zuletzt noch die Zwiebeln klein schneiden und ebenfalls dem Dip hinzufügen. Die Rösti auf einem Teller anrichten und den Dip darauf verteilen oder getrennt servieren.

Nährwertangaben pro Portion:
162 kcal | 7g Kohlenhydrate | 13g Fett | 6g Protein

HAUPTGERICHTE

Grünes Thaicurry mit Shrimps

2 Portionen – 25 Minuten Zubereitungszeit

Zutaten:

- 225g gekochte Shrimps
- 100g Erbsen
- 225ml Kokosmilch
- 2 TL grüne Currypaste
- ½ Zwiebel
- ½ Knoblauchzehe
- 1 EL Olivenöl
- Salz und Pfeffer zum Würzen

1. Zuerst die Shrimps pellen, Zwiebel und Knoblauch schälen und kleinhacken. Anschließend etwas Olivenöl in einer Pfanne bei mittlerer Hitze erwärmen und die Zwiebel und den Knoblauch anbraten, bis sie glasig sind.
2. Nun die restlichen Zutaten, mit Ausnahme der Erbsen und der Shrimps, in die Pfanne hinzugeben und für ca. 10 Minuten kochen
3. Zum Ende auch die Erbsen und Shrimps hinzufügen und alles für ca. 1,5 Minuten kochen. Das Essen noch warm servieren.

Nährwertangaben pro Portion:
240kcal | 12g Kohlenhydrate | 10g Fett | 36g Protein

HAUPTGERICHTE

Mandel- Gemüse- Curry

2 Portionen – 25 Minuten Zubereitungszeit

Zutaten:

- 125g Kohlrabi
- 125g Brokkoli
- 50g blanchierte Mandeln
- 1 grüne Paprika
- ½ Zitrone
- 125ml Kokosmilch
- 1 EL Currypaste
- Öl
- Salz und Pfeffer zum Würzen

1. Das Gemüse schälen und in kleine, mundgerechte Stücke schneiden. Zusammen in eine Schüssel geben und vermischen.
2. Die Mandeln in eine Pfanne geben und ohne Öl leicht anrösten. Anschließend in eine zweite Schüssel geben.
3. Nun etwas Öl in die Pfanne geben und den Gemüsemix darin andünsten. Kokosmilch und Currypaste dazu geben und bei niedriger Hitze alles für ca. 20 Minuten bissfest kochen.
4. Vor dem Servieren alles je nach Geschmack mit Salz und Pfeffer und etwas Zitrone würzen. Die Mandeln hinzugeben und für ca. 5 Minuten mitkochen. Anschließend auf einem Teller anrichten und genießen.

Nährwertangaben pro Portion:
194 kcal | 15g Kohlenhydrate | 13g Fett | 8g Protein

HAUPTGERICHTE

Exotischer Salat mit Blauschimmelkäse

2 Portionen – 20 Minuten Zubereitungszeit

Zutaten:

- ½ Papaya
- ½ Mango
- ½ Grapefruit
- 1 Chicorée
- 75g Blauschimmelkäse
- Himbeeressig
- Öl
- Salz und Pfeffer zum Würzen

1. Papaya und Mango schälen, in Würfel schneiden und in eine Salatschüssel geben. Die Grapefruit ebenfalls schälen und mit einem Messer aus den einzelnen Häuten die kleinen Filets herausschneiden. Zu dem restlichen Obst geben und vermischen.
2. Den Chicorée in dünne Streifen schneiden und den Blauschimmelkäse in Würfel schneiden. Beides zu dem Obst geben und vermischen.
3. Für das Dressing Himbeeressig und Öl zu gleichen Teilen mischen und nach Geschmack mir Salz und etwas Pfeffer abschmecken.
4. Das Dressing über dem Salat verteilen. Vor dem Servieren etwa 15 Minuten ruhen lassen, damit sich alle Aromen optimal entfalten können.

Nährwertangaben pro Portion:
328 kcal | 13g Kohlenhydrate | 22g Fett | 5g Protein

SNACKS UND BEILAGEN

Käse- Mohn- Cracker

2 Portionen – 20 Minuten Zubereitungszeit

Zutaten:

- 75g Mandelmehl
- 50g griechischer Joghurt
- 50g Frischkäse
- 25g geriebenen Käse
- 1 TL Mohnsamen
- 1 Prise Salz

1. Den Ofen auf 180°C vorheizen.
2. Alle Zutaten, in eine Schüssel geben und mit einem Handrührgerät zu einem glatten Teig verarbeiten.
3. Ein Backblech mit Backpapier auslegen und den Teig in einer dünnen Schicht darauf ausrollen. Anschließend in kleine Quadrate oder Rechtecke schneiden
4. Im vorgeheizten Ofen die Kekse für ca. 15 Minuten backen. Vor dem Servieren etwas abkühlen lassen.

Nährwertangaben pro Portion:

333kcal | 4g Kohlenhydrate | 29g Fett | 14g Protein

SNACKS UND BEILAGEN

Gefüllte Eier

2 Portionen – 15 Minuten Zubereitungszeit

Zutaten:

- 3 große Eier
- 2 TL Mayonnaise Light
- 1 TL Dijon Senf
- ½ rote Paprika
- 3 Halme Schnittlauch
- Salz und Pfeffer

1. Die Eier für ca. 10 Minuten kochen. Anschließend in kaltem Wasser abkühlen lassen, die Schale entfernen und halbieren.
2. Mit einem kleinen Löffel das Eigelb entfernen und in eine Schüssel geben. Salz, Pfeffer, Senf und die Mayonnaise hinzufügen und alles gut verrühren.
3. Die Mixtur nun in die ausgehöhlten Eierhälften geben. Paprika waschen, entkernen und zusammen mit dem Schnittlauch klein hacken. Beides auf den Eiern garnieren.

Nährwertangaben pro Portion:
209kcal | 4g Kohlenhydrate | 16g Fett | 12g Protein

SNACKS UND BEILAGEN

Scharfer mexikanischer Salat im Wrap

2 Portionen – 25 Minuten Zubereitungszeit

Zutaten:

- 1 mittelgroße Hähnchenbrust
- 1 kleine weiße Zwiebel
- ½ rote Paprika
- 1 EL Olivenöl
- Chilipulver (mild oder scharf)
- 1 TL geriebenen Cheddarkäse
- ½ Avocado
- 2 große Salatblätter
- Sauerrahm (light)
- Salz und Pfeffer

1. Hähnchenbrust, Zwiebel und Paprika säubern und in kleine Stücke schneiden.
2. Das Öl in einer Pfanne erwärmen und bei hoher Temperatur das Hähnchen, Zwiebel, Paprika und das Chilipulver für ca. 10-15 Minuten anbraten, bis das Hähnchen durch ist. Anschließend mit etwas Salz und Pfeffer würzen.
3. Die Avocado halbieren, entkernen und in dünne Streifen schneiden.
4. Ein großes Salatblatt auf der Arbeitsfläche ausbreiten und den Hähnchenmix darauf verteilen. Käse, Avocadostreifen und einen Löffel Sauerrahm ebenfalls dazugeben und das Ganze mit einer Prise schwarzem Pfeffer würzen.
5. Sofort servieren oder kühl lagern.

Nährwertangaben pro Portion:
544kcal | 8g Kohlenhydrate | 44g Fett | 63g Protein

SNACKS UND BEILAGEN

Blumenkohlrösti

---

2 Portionen – 10 Minuten Zubereitungszeit

Zutaten:

- 225g Blumenkohlrösschen
- ½ Zwiebel
- 1 kleines Ei
- Olivenöl
- Salz und Pfeffer zum Würzen

1. Den Blumenkohl mit Hilfe einer Reibe klein reiben. Die Zwiebel klein hacken.
2. Beides in eine Schüssel geben und das Ei dazugeben.
3. Etwas Öl in einer Pfanne erhitzen und mit einem EL kleine Häufchen der Mixtur in die Pfanne geben. Jede Seite für ca. 2-3 Minuten bei mittlerer Temperatur anbraten, bis es knusprig und goldbraun wird.
4. Sofort servieren, während die Rösti noch warm sind.

Nährwertangaben pro Portion:
133kcal | 3g Kohlenhydrate | 11g Fett | 7g Protein

SNACKS UND BEILAGEN

Grünkohlchips

2 Portionen – 15 Minuten Zubereitungszeit

Zutaten:

- ½ Grünkohl
- 2 EL Olivenöl
- Salz und Pfeffer

1. Den Ofen auf 180°C vorheizen.
2. Den Kohl säubern, die Stängel abschneiden und die Blätter in kleine Stücke schneiden.
3. Die Blätter waschen und so gründlich wie möglich trocknen.
4. Anschließend alles in eine Schüssel geben und mit Salz und Pfeffer würzen. Das Ganze nun für ca. 10 Minuten backen, bis die Blätter langsam goldbraun werden.
5. Vor dem servieren erkalten lassen.

Nährwertangaben pro Portion:
141kcal | 2g Kohlenhydrate | 14g Fett | 2g Protein

SNACKS UND BEILAGEN

Radieschen Chips

2 Portionen – 15 Minuten Zubereitungszeit

Zutaten:

- 40 mittelgroße Radieschen
- Olivenöl
- Salz und Pfeffer zum Würzen

1. Den Ofen auf 200°C vorheizen.
2. Mit einem scharfen Messer die Radieschen nach dem Waschen in dünne Scheiben schneiden.
3. Anschließend in eine Schüssel geben und so viel Öl hinzufügen, dass alle Scheiben eingeölt sind.
4. Das Ganze gut mit Salz und Pfeffer würzen. An dieser Stelle können je nach Geschmack auch andere Kräuter und Gewürze hinzugefügt werden.
5. Die Radieschenscheiben in den Ofen geben und Minuten backen. Nach ca. 10 Minuten alle Chips einmal wenden und für weitere 5- 10 Minuten backen, bis sie knusprig und leicht braun werden. Aufpassen, dass die Chips nicht zu dunkel werden und verbrennen.
6. Bis zum Verzehr in einer luftdichten Verpackung aufbewahren.

Nährwertangaben pro Portion:
121kcal | 0g Kohlenhydrate | 7g Fett | 0g Protein

SNACKS UND BEILAGEN

Energieriegel

2 Portionen – 20 Minuten Zubereitungszeit

Zutaten:

- 125g Quark
- 50g gemahlene Mandeln
- 25g Eiweißpulver mit Vanillegeschmack
- 25g gehackte Haselnüsse
- 25g gehackte Walnüsse
- 2 kleine Eier

1. Den Ofen auf 175°C vorheizen.
2. Die beiden Eier aufschlagen und das Eiweiß von dem Eigelb trennen.
3. Außer den gehackten Nüssen, werden nun alle Zutaten mit dem Eiweiß zu einer glatten Masse vermengt.
4. Anschließend auch die Hasel- und Walnüsse unter die Masse heben.
5. In eine vorher ausgefettete Backform wird nun der Teig gefüllt und für ca. 15 Minuten gebacken.
6. Nach dem Backen noch etwas auskühlen lassen und in 2 Portionen schneiden.

Nährwertangaben pro Portion:
461kcal | 8g Kohlenhydrate | 36g Fett | 25g Protein

SNACKS UND BEILAGEN

Erdbeermuffins

2 Portionen – 25 Minuten Zubereitungszeit

Zutaten:

- 100g Mandelmehl
- 75g frische Erdbeeren
- 75g Frischkäse
- 3 EL griechischer Joghurt
- 3 EL gemahlene Mandeln
- 1 kleines Ei
- ¼ TL Stevia- Granulat (Zuckerersatz)
- 1 TL Backpulver

1. Den Ofen auf 180°C vorheizen.
2. Erdbeeren waschen, abtrocknen und in kleine Stücke schneiden.
3. Die restlichen Zutaten in einer Schüssel zu einem glatten Teig verrühren.
4. Anschließend die Früchte vorsichtig mit einem Löffel in die Schüssel geben. Darauf achten, dass die Erdbeeren so wenig Saft, wie möglich verlieren.
5. Den Teig in eine vorher eingefettete Muffinform geben und für ca. 20- 25 Minuten backen.

Nährwertangaben pro Portion:
649kcal | 14g Kohlenhydrate | 54g Fett | 27g Protein

GETRÄNKE

Avocado Limetten Smoothie

2 Portionen – 5 Minuten Zubereitungszeit

Zutaten:

- 200g junger Spinat
- 1 Gurke
- ½ Avocado
- 3 Limetten
- etwas Honig zum Süßen
- 8 Eiswürfel

1. Spinat waschen, Gurke waschen und in Scheiben schneiden. Die Avocado entkernen und mit Hilfe eines Löffels das Fleisch heraustrennen. Limetten schälen und vierteln.
2. Alle Zutaten zusammen in einen geeigneten Mixer geben und 60-90 Sekunden lang mixen.
3. Damit es schön kühl bleibt, die Eiswürfel dazugeben und nochmals mixen.

Nährwertangaben pro Portion:

193kcal | 15g Kohlenhydrate | 14g Fett | 4g Protein

GETRÄNKE

Brokkoli Apfel Smoothie

2 Portionen – 5 Minuten Zubereitungszeit

Zutaten:

- 2 frische Äpfel
- 360g Brokkoli
- 2 EL Koriander
- 2 Selleriestangen
- 2 EL Seegras
- 200g Eiswürfel

1. Brokkoli waschen und klein schneiden, Apfel waschen, vierteln und entkernen. Auch den Sellerie und das Seegras in dünne Scheiben schneiden.
2. Koriander etwas klein rupfen.
3. Alle Zutaten zusammen in einen geeigneten Mixer geben und 60-90 Sekunden lang mixen.
4. Damit es schön kühl bleibt, ein paar Eiswürfel dazugeben.

Nährwertangaben pro Portion:
113kcal | 12g Kohlenhydrate | 1g Fett | 5g Protein

GETRÄNKE

Kresse Smoothie

2 Portionen – 5 Minuten Zubereitungszeit

Zutaten:

- 200g (Brunnen) Kresse
- 240g Mandelbutter
- 1 große Gurke
- 470ml Kokosmilch
- etwas Petersilie zum Garnieren

1. Die Gurke waschen und in Scheiben schneiden. Die Kresse ebenfalls gut waschen und klein hacken.
2. Alle Zutaten zusammen in einen geeigneten Mixer geben und 60-90 Sekunden lang mixen. Die Eiswürfel dazugeben und nochmals mixen.
3. Vor dem servieren etwas Petersilie oben drauf streuen.

Nährwertangaben pro Portion:
946kcal | 11g Kohlenhydrate | 76g Fett | 37g Protein

GETRÄNKE

Grüner Pina Colada Smoothie

2 Portionen – 5 Minuten Zubereitungszeit

Zutaten:

- 75g Löwenzahn
- 250g Ananas
- 25g Kokosnussfleisch
- 2 EL getrocknete Datteln
- 230 ml ungesüßtes Kokosnusswasser
- 2 Hände voll Eiswürfel

1. Den Löwenzahn waschen und anschließend klein schneiden.
2. Alle Zutaten zusammen in einen geeigneten Mixer geben und 60-90 Sekunden lang mixen.
3. Eiswürfel hinzufügen und nochmals mixen. In 2 Gläser füllen und servieren.

Nährwertangaben pro Portion:
236kcal | 15g Kohlenhydrate | 6g Fett | 3g Protein

GETRÄNKE

Blaubeer Proteinshake

2 Portionen – 5 Minuten Zubereitungszeit

Zutaten:

- 250ml Buttermilch
- 125g Quark
- 65g Blaubeeren
- 2 gestrichene EL Eiweißpulver mit Vanillegeschmack

1. Alle Zutaten in einen Mixer geben und für ca. 3 Minuten zu einem cremigen Shake vermischen.
2. Anschließend auf 2 Gläser verteilen. Entweder sofort genießen oder im Kühlschrank aufbewahren.

Nährwertangaben pro Portion:
151kcal | 17g Kohlenhydrate | 2g Fett | 16g Protein

GETRÄNKE

Karotten- Ingwer- Smoothie

2 Portionen – 5 Minuten Zubereitungszeit

Zutaten:

- 2 mittelgroße Karotten
- 2 Äpfel
- 1 Prise Muskatnuss
- ½ TL Zimt
- 1 EL Ingwer
- Eiswürfel

1. Karotten, Äpfel und Ingwer waschen und schälen. Die Äpfel entkernen und in kleine Stücke schneiden. Die Karotten ebenfalls klein schneiden. Den Ingwer mit einem scharfen Messer schön klein hacken.
2. Alle Zutaten in einen geeigneten Mixer geben und für ca. 2 Minuten mixen.
3. Anschließend den Smoothie auf 2 Gläser verteilen. Entweder sofort genießen oder im Kühlschrank aufbewahren.

Nährwertangaben pro Portion:
54kcal | 14g Kohlenhydrate | 1g Fett | 1g Protein

GETRÄNKE

Spinat- Beeren- Smoothie

2 Portionen – 5 Minuten Zubereitungszeit

Zutaten:

- 1 mittelgroße Karotte
- 120ml Mandelmilch
- 120ml Wasser
- 115g Spinat
- 60g gefrorene Erdbeeren
- 1 EL Samen
- 1 EL frische Minze
- Eiswürfel

1. Karotte und den Spinat waschen und schälen. Die Karotte schälen und in kleine Stücke schneiden. Den Spinat in kleine Stücke rupfen.
2. Alle Zutaten in einen geeigneten Mixer geben und für ca. 3 Minuten mixen.
3. Anschließend den Smoothie auf 2 Gläser verteilen. Entweder sofort genießen oder im Kühlschrank aufbewahren.

Nährwertangaben pro Portion:
54kcal | 6g Kohlenhydrate | 2g Fett | 2g Protein

GETRÄNKE

Grüner Smoothie mit Mandelmilch

2 Portionen – 5 Minuten Zubereitungszeit

Zutaten:

- 2 Stangen Sellerie
- 200g Grünkohl
- 1 Kiwi
- 470ml Mandelmilch

1. Grünkohl und Sellerie waschen und in grobe Stücke schneiden. Kiwi schälen und zu dem Grünkohl geben.
2. Alle Zutaten mit der Mandelmilch zusammen in einen geeigneten Mixer geben und 60-90 Sekunden lang mixen.
3. Sofort genießen oder im Kühlschrank aufbewahren.

Nährwertangaben pro Portion:
136kcal | 10g Kohlenhydrate | 4g Fett | 7g Protein

DESSERTS

Avocado- Limetten- Pudding

2 Portionen – 15 Minuten Zubereitungszeit

Zutaten:

- 3 mittelgroße Avocados
- 1 TL Salz
- ½ TL Vanille
- 5 TL frischen Limettensaft
- 3 TL Zuckerersatz, z. B. Xucker
- 2 Bananen

1. Avocado schälen und entkernen. Alle Zutaten in einen geeigneten Mixer geben und auf mittlerer Stufe für ca. 2-3 Minuten mixen.
2. Sofort servieren oder kaltstellen.

Nährwertangaben pro Portion:
581kcal | 13g Kohlenhydrate | 43g Fett | 7g Protein

DESSERTS

Kokosmakronen

2 Portionen – 25 Minuten Zubereitungszeit

Zutaten:

- 125g Kokosflocken
- 50ml Sour Cream
- 1 mittelgroßes Ei
- Zuckerersatz, z.B. Stevia/Xucker

1. Den Ofen auf 150°C vorheizen.
2. Alle Zutaten in eine Schüssel geben und zu einem Teig vermischen.
3. Auf einem ausgerollten Stück Backpapier und mit Hilfe von 2 angefeuchteten Esslöffeln kleine Teighäufchen platzieren. Darauf achten, dass zwischen den Häufchen ausreichend Platz ist.
4. Das Backblech in den Ofen schieben und für 20-25 Minuten backen.

Nährwertangaben pro Portion:

514kcal | 16g Kohlenhydrate | 49g Fett | 10g Protein

DESSERTS

Zimtschnecken-Waffeln

6 Portionen – 15 Minuten Zubereitungszeit

Zutaten:

- 12 EL Mandelmehl
- 4 EL Erythrit
- 4 große Eier
- 1 TL Zimt
- ½ TL Natron
- 1 TL Vanilleextrakt
- 4 EL Frischkäse
- 2 EL Sahne
- ½ TL Vanilleextrakt
- ½ TL Zimt

1. Beginnen Sie damit den Waffelteig herzustellen.
2. Vermischen Sie dafür zuerst das Mandelmehl mit dem Natron, dem Zimt und zwei Esslöffel Erythrit.
3. Geben Sie dann die Eier und den Vanilleextrakt hinzu und verrühren Sie die Zutaten zu einem gleichmäßigen Teig.
4. Backen Sie die Waffeln in einem heißen Waffeleisen aus, lassen Sie aber vier Teelöffel Teig für den Guss übrig.
5. Verrühren Sie die restlichen Zutaten mit den vier Teelöffeln Teig zu einer Glasur und bestreichen Sie damit die fertigen noch heißen Waffeln.

Nährwertangaben pro Portion:
303 kcal | 13g Kohlenhydrate | 23g Fett | 12g Protein

DESSERTS

Mandelplätzchen mit Orangengeschmack

2 Portionen – 20 Minuten Zubereitungszeit

Zutaten:

- 75g gemahlene Mandeln
- 75g griechischer Joghurt
- 65g Proteinpulver
- 2 kleine Eier
- ½ TL Backpulver
- 1 Orangenschale
- Zuckerersatz, z.B. Stevia/Xucker

1. Den Ofen auf 150°C vorheizen.
2. Die Orangenscheibe mit einer Reibe reiben.
3. Anschließend in einer mittelgroßen Schüssel alle Zutaten mit einem Handrührgerät zu einem glatten Teig verrühren.
4. Ein Backblech mit Backpapier auslegen und mit Hilfe von 2 Löffeln den Teig in kleine Plätzchen formen und auf dem Blech verteilen.
5. Die Plätzchen in den Ofen schieben und für ca. 15 Minuten backen.

Nährwertangaben pro Portion:
468cal | 13g Kohlenhydrate | 29g Fett | 41g Protein

DESSERTS

Low Carb Brownies

2 Portionen – 25 Minuten Zubereitungszeit

Zutaten:

- 75g Mandelmehl
- 2 TL Stevia- Granulat (Zuckerersatz)
- 50g griechischer Joghurt
- 25g Kakaopulver
- 2 Eier

1. Den Ofen auf 175°C vorheizen.
2. In einer mittelgroßen Schüssel alle Zutaten mit einem Handrührgerät zu einem glatten Teig verrühren.
3. Eine Backform gut einfetten und den Teig darin verteilen. Anschließend für ca. 15-20 Minuten backen.

Nährwertangaben pro Portion:
310kcal | 4g Kohlenhydrate | 26g Fett | 12g Protein

DESSERTS

Ahorn-Cupcakes mit Pecannüssen

2 Portionen – 5 Minuten Zubereitungszeit

Zutaten:

- 1 Ei
- 2 EL Butter
- 2 EL Mandelmehl
- ½ TL Backpulver
- ½ TL Ahornextrakt
- 2 EL Pecannüsse
- ½ TL Zimt
- 1 EL Erythritol
- 7 Tropfen Stevia

1. Pecannüsse zerhacken und beiseitestellen. Mit einem Handmixer die restlichen Zutaten gut miteinander vermischen.
2. Die Pecannüsse unter die cremige Masse rühren und erneut mixen.
3. Die Masse auf Silikonförmchen aufteilen und für 90 Sekunden in die Mikrowelle stellen.
4. Abkühlen lassen und optional mit Schlagsahne und Pecannüssen garnieren. Anschließend können die Cupcakes serviert werden.

Nährwertangaben pro Portion:
308 kcal | 2g Kohlenhydrate | 29g Fett | 8g Protein

DESSERTS

Low Carb Waffeln

2 Portionen – 15 Minuten Zubereitungszeit

Zutaten:

- 2 Eier
- 70g griechischer Joghurt
- 1 TL Zuckerersatz, z.B. Erythrit
- ½ TL Backpulver

1. Das Waffeleisen vorheizen.
2. Alle Zutaten in eine Rührschüssel geben und zu einem glatten Teig verarbeiten.
3. Mit Hilfe eines großen Löffels den Teig in das Waffeleisen füllen, Waffeleisen schließen und Waffel backen, bis sie goldbraun sind.
4. Wahlweise kann man zu den Waffeln auch Obst servieren.

Nährwertangaben pro Portion:
132kcal | 2g Kohlenhydrate | 10g Fett | 9g Protein

DESSERTS

Holunderkekse

2 Portionen – 20 Minuten Zubereitungszeit

Zutaten:

- 75g Mandelmehl
- 150g griechischer Joghurt
- 50g gemahlene Mandeln
- 50g Frischkäse
- 40g Holunder
- 1 TL Stevia- Granulat (Zuckerersatz)
- 1 Ei
- ½ TL Backpulver

1. Den Ofen auf 170°C vorheizen.
2. Alle Zutaten, bis auf den Holunder in eine Schüssel geben und mit einem Handrührgerät zu einem glatten Teig verarbeiten. Anschließend den Holunder mit Hilfe eines Löffels unter den Teig heben.
3. Ein Backblech mit Backpapier auslegen und kleine Teighäufchen darauf verteilen.
4. Im vorgeheizten Ofen die Kekse für ca. 15 Minuten backen. Vor dem Servieren etwas abkühlen lassen.

Nährwertangaben pro Portion:
570kcal | 17g Kohlenhydrate | 48g Fett | 24g Protein

Haftungsausschluss

Dieses Buch enthält Meinungen und Ideen des Autors und hat die Absicht, Menschen hilfreiches und informatives Wissen zu vermitteln. Die enthaltenen Strategien passen möglicherweise nicht zu jedem Leser, und es gibt keine Garantie dafür, dass sie auch wirklich bei jedem funktionieren. Die Benutzung dieses Buchs und die Umsetzung der darin enthaltenden Informationen erfolgt ausdrücklich auf eigenes Risiko. Das Werk, inklusive aller Inhalte, gewährt keine Garantie oder Gewähr für Aktualität, Korrektheit, Vollständigkeit und Qualität der bereitgestellten Informationen. Druckfehler und Fehlinformationen können nicht vollständig ausgeschlossen werden.

Medizinischer Haftungsausschluss

Die hier dargestellten Inhalte dienen ausschließlich der neutralen Information, Weiterbildung und Unterhaltung. Sie stellen keine Empfehlung oder Bewerbung der beschriebenen oder erwähnten diagnostischen Methoden oder Behandlungen dar. Der Text ersetzt keinesfalls eine medizinische Beratung durch einen Arzt oder Apotheker und er darf nicht als Basis zur eigenständigen Diagnose und Beginn, Änderung oder Beendigung einer Behandlung von Krankheiten verwendet werden. Bei gesundheitlichen Fragen, Beschwerden oder Problemen konsultieren Sie immer Ihren Arzt! Der Autor kann für etwaige Schäden jeder Art aus keinem Rechtsgrund eine Haftung übernehmen.

Impressum

Simone Larisch wird vertreten durch:

Martin Wagner
Nobistor 30
22767 Hamburg

Covergestaltung und -konzept: lauria | fiverr.com
Coverbilder: Gorobina, Wiktory, Anna_Shepulova, anna.pustynnikova | depositphotos.com

Jahr der Veröffentlichung: 2017
Verantwortlich für den Druck: Amazon Distribution GmbH, Leipzig

Printed in Germany
by Amazon Distribution
GmbH, Leipzig